JN222064

Employee Benefits Plan Strategy & Design

優秀人材を惹きつける
福利厚生戦略

成功事例と実践ガイド

マーサージャパン

労務行政

はじめに

「福利厚生制度」という言葉から何を連想しますか。「福利厚生制度」と一口に言っても、そのイメージや関心がある領域は人によってさまざまでしょう。本書は、日本における福利厚生制度について幅広く取り上げ、実際の企業事例も紹介しながら、これからの時代に即した制度の在り方を考えることを目的としています。

企業は社員に対して、基本給や賞与などの金銭的な報酬に加え、「福利厚生」という名目でさまざまなサービスや支援を提供しています。福利厚生は英語で「Benefits」と呼ばれるように、「労働への対価」である給与とは別に提供される、社員に対する「恩恵」です。その範囲は住宅や医療、通勤、職場環境に関わるものから、健康や自己啓発、育児に対するものまで多岐にわたります。企業が優秀な人材を確保し引き留める上でも、そして社員一人ひとりが充実した職業人生を送る上でも、その重要性は高まっています。

近代日本における福利厚生制度の起源は、明治初期の製糸業や鉱山労働者への衣食住の提供にさかのぼります。全国各地から労働者を集めるために宿舎や食堂、診療所などの施設をはじめ、被服や食事を提供したことが始まりとされています。戦後の高度成長期を経て、健康保険や厚生年金等の公的なセーフティーネットが整備されていくにつれて、企業の福利厚生は、住宅等の生活全般に関わる支援に加え、保養所やレジャー等の文化活動支援等へとその範囲を拡大していきました。社員の人生をトータルでサポートする枠組みとして、「新卒一括採用」から「定年退職」まで、多くの人が家庭を築き、同じようなライフステージを経験することを前提に、福利厚生制度は発展してきたのです。今ではほとんどの企業が、住宅や健康、自己啓発、レジャーなど、実にさまざまな領域で社員への「Benefits」を提供しています。

しかし昨今の少子高齢化や経済のグローバル化、デジタル化などを背景として、日本の福利厚生制度は大きな変革を迫られています。

これまでの福利厚生制度は健康保険や公的年金の手厚さを前提としてきましたが、少子高齢化とそれに伴う生産年齢人口の減少に伴って現役世代の負担は増し、「セーフティーネット」としての役割を果たしていくことが期待されています。さらに、日本企業を取り巻く経営環境や労働市場も大きく変化しています。これまでの日本企業は「新卒一括採用」と「終身雇用」を前提とした、「人材の出入り」が少ないことが主流であり、社員のライフスタイルや家族構成も似通った「同質性の高い」集団でした。福利厚生制度もこうした条件を反映し、長期勤続者に有利な退職給付制度や、世帯主である男性社員を想定した住宅・生活支援の枠組みが整備されてきました。しかしグローバル化やデジタル化による事業の構造転換の必要性が高まるにつれて、外部から高度な専門性を持つ人材を招き入れることも増えました。働く側も、「人生100年時代」とも呼ばれる時代の中で、長い職業人生を支える多様なスキルや経験を身に付ける必要性が高まり、同じ企業に勤め続けることが最適解ではなくなりつつあります。こうした環境変化の中で、福利厚生制度の在り方にも変化が求められているのです。

本書では、こうした時代の変化に伴って福利厚生制度に求められる役割がどのように変わってきているか、企業にとって優秀な人材の確保や定着に資する福利厚生の体系やメニューとはどのようなものであるべきかを検討していきます。

第１章では、日本における「福利厚生」の特徴を、「給与との違い」や「海外との比較」を通じて考察した上で、取り巻く環境の変化について解説します。

第２章では、こうした環境変化の中で、今までの日本の福利厚生制度が直面している課題を検証し、これからのあるべき姿を示します。

第３章以降は、福利厚生の設計や見直しのステップを解説した上で、個別の領域について企業事例を交えながら今後の福利厚生の在り方を紹介しています。

昨今、「雇用の流動化」と「人材の多様化」が進み、「企業が人材を選んで保護し、人材が企業に忠誠を尽くす関係」から、「企業と人材双方が、お互いに選び選ばれる関係」へと、企業と人材の関係が変わりつつあります。社員に対していかに幅広く魅力的な「価値」を提供できるかが、各企業の競争力を左右する時代が訪れています。その「武器」として給与の引き上げは一義的に重要ですが、住宅や育児・介護との両立、自己啓発への支援等、社員の生活全般に大きな影響力を持つ福利厚生制度の改革にも注目が集まっています。一方で、福利厚生制度は住宅や医療、レジャーや自己啓発など多岐にわたり、関係する人や組織も多く、それぞれの専門性も高いため、一度に見直しや改革を進めづらい制度でもあります。特に第３章では、人事戦略に基づく福利厚生制度改革の実践例を紹介・解説していますので、自社の方針や課題、社員のニーズを踏まえて優先順位の高い領域から読み進めてみてください。

本書が、各社の実情に合ったより良い福利厚生制度の構築に役立つことを願ってやみません。

2025年２月

マーサージャパン株式会社
取締役 組織・人事変革部門代表　白井 正人

CONTENTS

第1章 福利厚生制度とは何か

❶ 福利厚生制度の定義と日本における特徴 …………………… 14
❶「給与」と「福利厚生」の違い …… 14
❷ 海外と日本の福利厚生制度の違い …… 17

❷ 福利厚生制度の種類 …………………………………………… 21
❶ 日本における福利厚生制度の類型 …… 21
【Column】日本における「退職給付制度」の特徴 …… 24
❷「法定福利」と「法定外福利」…… 27
❸ 日本における「法定外福利」の特徴 …… 29
1 住宅関連拠出への偏重 …… 29
2 手薄なセーフティーネット支援 …… 31
3 “ハコもの”中心のライフサポート …… 32

❸ 福利厚生制度を取り巻く変化 ………………………………… 33
❶ ビジネス構造の変化に伴う「雇用の流動化」…… 33
1 企業側から見た「雇用の流動化」…… 36
2 社員側から見た「雇用の流動化」…… 38
3 「雇用の流動化」がもたらす変化 …… 38
❷ 社会構造や人々の価値観の変化に伴う「人材の多様化」… 40
1 企業側から見た「人材の多様化」…… 40
2 社員側から見た「人材の多様化」…… 41
3 「人材の多様化」がもたらす変化 …… 44
❸ 少子高齢化に伴う「公的なセーフティーネットの弱体化」… 46

第2章 福利厚生制度の「今まで」と「これから」

❶ 「今まで」の福利厚生制度とその課題 …… 50

❶ 住宅支援 …… 51

❷ リスクへの備え …… 53

❸ 生活・就業支援 …… 55

❹ 健康支援 …… 57

❺ 文化活動支援 …… 59

❻ 資産形成支援としての退職給付制度 …… 60

【Column】人生100年時代における資産形成の重要性
―「老後2000万円問題」から見えること― …… 62

❷ 「これから」の福利厚生制度のあるべき方向性 …… 67

❶ 現在の福利厚生制度の全体像 …… 68

❷ これからの福利厚生制度
―「フレックス・ベネフィット」という考え方― …… 70

1 セーフティーネット …… 72

2 会社諸制度 …… 74

3 文化活動支援 …… 75

❸ 自社の価値観やメッセージを
発信するツールとしての福利厚生制度 …… 76

❸ 「他社との差別化」と「長期的な帰属意識」
を支える福利厚生制度を目指して …… 78

【Column】資産所得倍増プランと企業に期待される
“社員の資産形成支援”の役割 …… 81

第3章 福利厚生制度改革：実践編

❶ 設計・見直しの進め方 ……………………………… 86

❶ ステップ1：福利厚生戦略（改定方針）の策定 …… 87

❷ ステップ2：現行制度の課題の確認 …… 88

❸ ステップ3：個別施策の詳細設計 …… 90

❹ ステップ4：新制度の導入とモニタリング …… 90

❷ 人事戦略に基づく福利厚生制度改革の実践例 …………… 91

1 社員一人ひとりのニーズに合わせた柔軟なメニュー提供

1 現状と課題 …… 91

2 対象企業 …… 92

3 概要 …… 92

Case Study #1 A社 …… 94

「人材の多様化」に対応するためのカフェテリアプランの導入

2 多様なキャリアを支えるライフプラン支援

【自己啓発・リスキリング】…… 105

1 現状と課題 …… 105

2 対象企業 …… 106

3 概要 …… 107

(1) 学びの環境整備 …… 107

(2) キャリア自律への働き掛け …… 108

【老後を支える退職給付制度】…… 110

1 現状と課題 …… 110

2 対象企業 …… 111

3 概要 …… 111

(1) ジョブ型の退職給付制度の制度設計 …… 112

(2) 自律的な資産形成支援を促進する年金・退職金 … 117

(3) 今後の退職給付制度の方向性
～令和7年度税制改正大綱を受けて～ …… 120

Case Study #2 B社 …… 125
企業型DC制度を中心とした退職給付制度への見直し

3 多様なライフステージを支える両立支援
1 現状と課題 …… 129
2 対象企業 …… 130
3 概要 …… 130
(1) 育児・介護と仕事の両立支援 …… 130
(2) 治療および治療と仕事の両立支援 …… 134

Case Study #3 三井住友海上火災保険株式会社 …… 135
同僚のライフイベントを組織全体で受け入れ、支援する風土づくり

4 多様な人材の活躍を後押しするダイバーシティ経営
1 現状と課題 …… 141
2 対象企業 …… 141
3 概要 …… 142
(1) 女性の働きやすさを高める施策例 …… 142
(2) 外国籍社員の働きやすさを高める施策例 …… 144
(3) 高年齢者の働きやすさを高める施策例 …… 145
(4) 障害者の働きやすさを高める施策例 …… 146
(5) LGBTQの働きやすさを高める施策例 …… 147

Case Study #4 株式会社メルカリ …… 148
多様な言語バックグラウンドを持つ社員間の
「“Meeting Halfway”(歩み寄り)」を実現する言語学習プログラム

5 多様なワークスタイルに対応する働き方改革
1 現状と課題 …… 154
2 対象企業 …… 154

3 概要 …… 155
(1) 働く「場所」の自由度を高める施策例 …… 155
(2) 働く「時間」の自由度を高める施策例 …… 156
(3) 余暇やレクリエーションに関する施策例 …… 157

Case Study #5 DIC株式会社 …… 158
生産性と働きがいの向上を目指した「ワークプレイス改革」

6 資産形成支援
1 現状と課題 …… 165
2 対象企業 …… 165
3 概要 …… 166
(1) 投資教育の実施プロセス …… 168
(2) 自律的な資産形成支援に資する投資教育 …… 171

Case Study #6 三井住友信託銀行株式会社（三井住友トラストグループ） …… 173
全社員に向けた金融経済教育を実践して成果を上げている好事例

7 雇用の流動化の中でリスクに備える保険
1 現状と課題 …… 176
2 対象企業 …… 178
3 制度変更のポイント …… 178

Case Study #7 H.U.グループ …… 179
共済会制度の廃止、健康保険組合の統合を行い、
新しい福利厚生保険制度を導入した事例

8 経営への影響力を高める福利厚生制度改革の在り方
1 改革を実現するための福利厚生制度全般のコスト再配分 …… 189
2 経営からの「効果測定」の要求への対応 …… 192
3 費用の多くを占める「住宅関連費用」の見直し方 … 193

4 一部の社員にとって「不利益」な変更となる場合の対応 …… 194
5 「人的資本可視化指針」への対応 …… 195
Case Study #8 E社 …… 196
多様な人材の能力発揮を目指した福利厚生制度改革

第4章 福利厚生制度改革：実例編

コクヨ株式会社
福利厚生制度の抜本的改定・原資の大幅な再配分を実現 … 200
❶ 検討の背景 …… 200
❷ 現状分析 …… 201
❸ 改定の目的・方向性 …… 203
❹ 施策①：フレキシブルワークの整備 …… 204
1 概要 …… 204
2 詳細設計 …… 204
3 導入時のチャレンジ …… 206
4 導入後の反応・効果 …… 206
❺ 施策②：PLAY WORKマイレージ（フレックス・ベネフィット）の整備 …… 207
1 概要 …… 207
2 原資の再配分 …… 207
3 詳細設計 …… 208
4 導入時のチャレンジ …… 210
5 導入後の反応・効果 …… 211
❻ 今後の課題 …… 211
❼ まとめ …… 212

第1章

福利厚生制度とは何か

1 福利厚生制度の定義と日本における特徴

一般的に、福利厚生は「企業がそこで働く社員やその家族のために、通常の賃金とは別に支給する経済的便益」と定義されます。しかし、何を「福利厚生」と呼ぶかは国や会社、個人によりさまざまです。通常の賃金以外のメニューや、手当等の金銭で支給されるもの、非金銭報酬の形で現物支給されるものなどその範囲は広く、人によってイメージする制度やメニューが違うのではないでしょうか。福利厚生制度について考えるに当たり、まずは「給与」と「福利厚生」の違いを整理してみましょう。

❶「給与」と「福利厚生」の違い

福利厚生は、会社から社員へ提供される「総報酬」の一部として位置づけられます。「総報酬」の中で私たちになじみが深いのは「金銭報酬」と呼ばれる区分で、毎月支給される基本給や賞与などがこれに当たります。福利厚生はその多くが「非金銭報酬」に区分される報酬であり、住宅支援やレジャーに対する補助、健康サポートなどのさまざまな種類があります。住宅手当や家族手当などは「金銭」で支払われますが、これらは社宅や寮という「現物」の代わりに支給されたという起源やその支給目的から、福利厚生の一環として捉えられることもあります。また次の❷**福利厚生制度の種類**（21ページ）で詳述するように、国が提供する健康保険や年金も広義の福利厚生に含まれます。

さて、福利厚生はその多くが「非金銭報酬」に区分されると述べましたが、同じコストをかけるなら、そのすべてを金銭報酬として支払ったほうが社員にとっては自由度が高く、企業にとっても運営・維持費用が削減でき、双方にメリットが大きいという考え方もあります。しかし実態としては、大多数の企業は何らかの福利厚生メニューを社員やその家族に提供しています。なぜ、福利厚生という形で提供しているのでしょうか。福利厚生制度を通じた報酬の提供には、主に三つのメリットがあります。

①会社が社員に対して十分な配慮をしているというポジティブなメッセージとなる
②会社が考える適切な行動に社員を長期的に誘引し、会社のアイデンティティーや価値観を伝えられる
③社員にとっての経済的便益となる

一つ目は、「企業が社員の仕事や生活に対して十分な配慮をしている」というポジティブなメッセージを伝えられる点です。福利厚生制度を通じて社員に提供される報酬は「労働の対価」ではありません。企業はそのコストを通じて直接的には何らかの収益を創出しているわけではなく、純粋に社員の仕事や生活にプラスになると考えられるサービスを提供しています。これはひとえに、福利厚生制度が、「社員一人ひとりがより生き生きとした人生や日常生活を送れるよう支援しているよ」というメッセージを伝えるのに最も適した媒体であるからです。業務内容やそのパフォーマンスに応じて支給する「給与」とは異なり、「福利厚生」は社員のより良い人生のために提供され、社員とのコミュニケーションにおける潤滑油として活用できます。

二つ目は、企業が目的を持って社員やその家族に特定の価値提供を行うことができるという点です。企業は、労働生産性を高めるため、社員の満足度を上げるため、採用や定着につなげるため…等の目的を持って、労働環境整備、健康増進、生活支援等、その企業がターゲットとする人材が求めるであろうメニューを充実させることができます。例えば、「新卒で入社し、結婚、専業主婦の配偶者と2人の子どもの4人家族で、マイホームを購入し、社命での転勤を経て出世していく…」といった社員が企業の中核を占めていた時代には、本人やその家族に対する経済的支援を中心としたメニューを提供することで、その社員が業務に邁進でき、企業の業績アップにもつながるという好循環をもたらしていました。しかし、今後雇用の流動化が進んで中途入社者が増え、社員の家族構成やライフスタイルが多様化してくると、特定の社員像に偏った福利厚生制度は不公平の温床になるおそれがあります。さまざまな人材が出入りし、多様な社員で構成される組織になるにつれて、社員一人ひとりのニーズに合った自由度の高いメニューが求められてくると考えられます。人材マネジメントの方針や企業内の社員構成が変われば福利厚生制度のあるべき姿も変わっていく必要があります。言い換えれば、福利厚生は、企業の人材マネジメント方針の推進や、企業のアイデンティティー・価値観を伝えるツールにもなり得るものなのです。

三つ目は、福利厚生制度の枠組みを通すことで、社員にとって金銭報酬以上に経済的便益があるという点です。非金銭報酬の形で支給される福利厚生メニューの中には、社員が非課税で享受できるものがあります。例えば、育児・介護、資格取得、レクリエーション等の支援費用は一般的には給与課税はされないものと整理されています。そのため、企業側からすると同じコストを社員のために負担したとしても、所得税や住民税が課税される金銭報酬より、非課税で経済的な便益を受けられる福利厚生のほうが社員にとってもメリットが大きいといえます。企業が積み立てを行う際に給与課税されず、受取時に優遇された非課税枠がある退職給付制度も、税制面でのメリットが大きい制度の一つです。また、会社の福利厚生を通じて集中購買することにより生じるバーゲニングパワーによって個人では買えない割引価格で何かを購入できたり、サービスや施設を利用できたりすることも経済的なメリットの一つに数えられます。これらは社員にとっての大きな経済的便益となり、その結果、社員の手取りを増やす効果が期待できるのです。

❷ 海外と日本の福利厚生制度の違い

次に、海外と日本の違いを通じて、わが国の福利厚生制度の特徴を見ていきましょう。前述のように、福利厚生制度は、社会背景や企業の方針、社員の特性によって内容が変わりますが、一般的に日本の福利厚生制度は海外の福利厚生制度と大きく異なる特徴を有しています。

各国の福利厚生制度の特徴は多岐にわたりますが、特に比較されることが多い米国では、企業が社員に提供する福利厚生に求められる一番の役割は、健康保険や年金等の社会保障の補完であるといわれています。医療や老後などに関する公的なセーフティーネットが十分でない国では、社員の関心も、企業が福利厚生として医療保障、老後保障、就業不能補償等をどれだけ充実してくれるかに向いており、それらが福利厚生の中心（コア・ベネフィットと呼びます）に位置づけられています。そのため企業としては、金銭報酬のみならず社会保障を補完する福利厚生メニューの水準も定期的にベンチマークし、福利厚生も含めた総報酬のトータルパッケージとして市場競争力を上げていくことが求められています。例えば国民皆保険制度がない米国では、企業が提供する医療保険が福利厚生の最重要メニューとなっています。また、社会保障が比較的充実しているとされる欧州でも、より利便性が高い民間医療保険等が公的健康保険を補完するコア・ベネフィットと位置づけられています**［図表1-1］**。近年ではウェルビーイング経営の浸透とともに、さらに福利厚生が

図表1-1　海外企業の福利厚生メニュー例（英国のあるIT企業）

フレックス・
ベネフィット

費用補助
プライベート医療、
ベストドクター制度、
メディカルオピニオン、
ベビーシッター券、社有車使用、
自転車通勤、寄付金、社内託児所、
ジム会費、食事券

保険(上乗せ部分)
生命保険、所得補償保険、
歯科診療、眼科診療

コア・ベネフィット

保険(基本部分)
生命保険、所得補償保険、歯科診療、眼科診療

重視されるようになり、コア＋フレックス（多様な選択肢の中から、社員が好きなメニューを選択できる）型の福利厚生へとシフトしてきています。

一方、日本においては、福利厚生の中心（コア・ベネフィット）に関する考え方は歴史的に海外とは異なる特徴を有しています。日本の福利厚生は、昭和の高度成長期に基本的な骨格が形成されました。当時は社会保障としての健康保険や年金が盤石であったため、企業が社員に提供する福利厚生に求められる役割として、社会保障の補完ニーズは弱く、日本の福利厚生は諸外国と異なる発達を遂げてきました。「終身雇用」を基本とした人材マネジメント方針の下で、企業の基幹となる男性正社員のライフステージに合わせる形で、本人およびその家族の経済的支援策を中心に福利厚生メニューが形成されていったのです。すなわち、新卒で入社し、結婚、専業主婦の配偶者と２人の子どもの４人家族で、マイホームを購入し、社命での転勤を経て出世していく…といった、企業が当時想定していた、いわゆる「家長モデル」どおりのライフステージを送る社員にとって最適な福利厚生が設けられるようになったといえるでしょう。

このような背景もあり、新卒一括採用、終身雇用を取り入れる多くの日本企業では同じ思想の下、似通った福利厚生メニューが提供されるようになっていきました。具体的には、社宅や保養施設などの“ハコもの”や、長期勤続者に有利となる退職給付制度等が整備されました。また、被扶養者の有無や転勤など特定の条件に合致した際に支給される金銭報酬（各種手当）を福利厚生の一部として捉える向きが多いことも、日本の福利厚生の特徴といえます。

しかし、20世紀後半以降、日本経済がバブル崩壊後の長きにわたるデフレ不況に陥る中で、各企業の福利厚生制度においても変化が表れます。徐々に運営・維持費用の重い“ハコもの”を減らし、その代わりとして比較的ライトな割引サービスや健康施策、自己啓発支援などの“ヒトもの”が提供されるなど、次第に改革が進められるようになってきました。

近年では、日本の福利厚生を取り巻く環境はさらに大きく変化しています。その変化を大別すると、主に三つ（雇用の流動化、人材の多様化、セーフティーネットの弱体化）が挙げられます。

一つ目は**「雇用の流動化」**です。これまでの新卒一括採用・終身雇用が大多数であった社会から、転職や中途入社、副業・兼業、独立・起業等、さまざまな形で組織と人材が関わる社会へと変わってきています。労働市場における雇用の流動性が高まると、従来のような「長期勤続」者が優遇されるような福利厚生では、中途採用でキャリアの途中から組織に加わった社員とのアンバランスや不公平が生じてしまいます。昨今、特に高度専門人材などの労働市場における需要が高い人材に対して高報酬を提示する企業が増えていますが、福利厚生制度においても、こうした「人の出入り」を前提とした仕組みへの転換が求められるようになりました。

二つ目は**「人材の多様化」**です。属性、働き方、世帯形態の多様化がますます進む企業では、「家長モデル」に当てはまる社員をメインターゲットとし、典型的なライフイベントをサポートする従来型の福利厚生では、さまざまな社員のニーズを満たせなくなってしまいます。また、こうした典型的なモデルに当てはまらない社員には相対的に原資が配分されづらく、属性間の不公平が生じます。特定のライフスタイルや家族構成に対応した一律的なメニューを提供するのではなく、社員一人ひとりが自らのニーズに基づき選択できる制度へと転換していく必要性が高まっているのです。

三つ目は**「セーフティーネットの弱体化」**です。少子高齢化による人口構造の変化により、社会保障制度において、税金や保険料の負担者と、年金や医療サービス等の受給者のアンバランスが生じており、今後日本の社会保障の弱体化はますます進んでいくことが予想されます。その意味で、社会保障が盤石だった時代に基礎ができた福利厚生を根本的に見直す必要があり、老後の生活や病気・けが等へのリスクに対する備えをより手厚くするとともに、一人ひとりのライフプランに合わせた支援を提供することが求められます。

福利厚生制度の種類

❶ 日本における福利厚生制度の類型

前パートでは福利厚生の一般的な定義を確認するとともに、海外との比較を通じて日本の福利厚生制度の特徴を概観しました。本パートでは、日本における福利厚生制度の種類について、もう少し掘り下げて分析してみましょう。なお、ここではできるだけ広義の福利厚生について触れていくこととします。

[図表1-2] は、マーサーが一般的に福利厚生の項目として分類しているものです。縦軸は「法定福利」「法定外福利」「諸手当」「就業

図表1-2 福利厚生制度の分類例

	住宅支援	リスクへの備え	生活・就業支援	健康支援	文化活動支援
法定福利	• なし	• 健康保険・介護保険 • 厚生年金保険 • 雇用保険・労災保険	• 子ども・子育て拠出金	• 健康保険（保健事業）	• なし
法定外福利	• 社宅、独身寮 • 借り上げ社宅 • 持ち家補助	• 団体保険 • 慶弔関係 • 共済会補助 • 退職給付制度 • 資産形成支援 • 従業員持ち株会制度	• 通勤交通費 • 育児支援 • 介護支援 • 給食・社員割引・被服	• 医療・健康施設運営 • 法定外健康診断（人間ドック等） • ヘルスケアサポート	• 文化・体育活動施設運営と活動補助 • 自己研さん支援 • 福利厚生代行サービス
諸手当	• 住宅手当・家賃補助 • 転勤手当 • 単身赴任手当	• なし	• 家族手当 • リモートワーク手当	• なし	• なし
就業条件	• 業務外傷病休職 • 育児・介護休業 • フレキシブルワーク（「場所」と「時間」を問わない柔軟な勤務形態。テレワーク、時差通勤、フレックスタイム、時間単位年休などを指す）				

条件」という提供形態による分類、横軸は具体的に提供する制度や項目に関して用途別にマーサー独自の五つの分類を設けています。

福利厚生の捉え方はさまざまであり、その領域や範囲に関してもさまざまな考え方があります。広義の福利厚生という場合にはすべての項目を指しますが、福利厚生が非金銭（non-cash）報酬の形式であるという定義に従うのであれば、諸手当は含みません。一方で金銭（cash）報酬ではあるものの、家族手当や住宅手当、単身赴任手当、さらにリモートワーク手当等は、日本の福利厚生における特殊性に照らしてみると、社員目線では福利厚生と捉えられるケースもあるため、この表にはあえて提示しています。諸手当以外の提供形態ごとの分類では、法定福利、法定外福利、就業条件があります。

「法定福利」は、一般に社会保険と呼ばれる領域で、健康保険・介護保険、厚生年金保険、さらには雇用保険・労災保険等があります。これらは法律で定められているものであり、自社の健康保険組合や業種別の総合健康保険組合が提供する付加給付を除いては、多くの企業でほぼ同一の内容が提供されています。本書では、これらを「公的なセーフティーネット」と定義しておきましょう。

残る二つ、「法定外福利」と「就業条件」のうち、**「法定外福利」**は狭義の福利厚生と呼ばれるものです。法定福利とは異なり、企業が独自に自由設計できる領域ですが、歴史的には法定福利や雇用形態等の影響を受けやすい項目でもあります。具体的に説明すると、日本の法定外福利はグローバルで見ると住宅支援が多く、医療保障支援が少ない傾向にあります。これは、法定福利である公的な健康保険部分で医療保障が手厚いことが影響しています。また、雇用形態という観点で、日本では歴史的にジョブ・ローテーションや人材育成の一環として転居を伴う異動を定期的に行ってきました。そうした雇用形態の影響を受けて社命による転居を要請することも多いため、住宅支援については手厚く支援される傾向があります。

マーサーでは、項目が多岐にわたる法定外福利を、用途別に五つの分類を用いて説明しています。それぞれの項目に含まれる典型的なメニューとその特徴を確認していきましょう。

一つ目は「住宅支援」です。このカテゴリーでは、主に住宅関連の拠出として、社有社宅、独身寮、借り上げ社宅という実際の施設運営に関する費用と、持ち家補助として住宅ローンの利子補給や住宅建築費用の一部補助、住宅財形奨励金を指します。

二つ目は「リスクへの備え」です。ここでは企業が提供する団体保険、慶弔関係の拠出、共済会による補助等の不測かつ突発的な事態に対する備え、そして将来的な資産形成を通じた老後資金への備えとしての、退職給付制度（退職一時金制度／確定拠出年金制度〔DC〕／確定給付企業年金制度〔DB〕）や財産形成支援制度も含まれます。目的としては企業へのエンゲージメント向上という観点もあります。従業員持ち株会制度もこのカテゴリーに入ります。

三つ目は「生活・就業支援」です。給食、被服、自社製品の無料提供または割引販売、育児・介護と仕事との両立支援や通勤交通費が該当します。社員の就業や日常生活を側面支援する制度がこのカテゴリーに分類できます。

四つ目は「健康支援」です。病院・診療所・医務室・休養室等の施設経費や、メンタルヘルス相談窓口の運営費用等が該当します。さらにはヘルスケアサポートとして、法定外健康診断費や医薬品購入費の支援等を提供するケースも含まれます。

五つ目は「文化活動支援」です。自社運営の保養所・体育館・グラウンドなどの施設、さらには職場サークル・部活動等の支援、自己啓発活動補助等もこの分類に該当します。

「就業条件」については、業務外傷病休職や育児・介護休業、フレキシブルワーク等が挙げられます。これらは、必ずしも直接的な費用が運用時に発生しているわけではありませんが、福利厚生と認識されるケースもあります。こちらも、諸手当と同様に特定の条件に合致した形で提供されるという観点では、広義の福利厚生として含まれることもありますが、狭義の福利厚生には含まれません。

特に、昨今では働く「場所」や「時間」を社員自身が柔軟に選ぶことができる制度を総称して「フレキシブルワーク」と呼び、社員にとって企業選択の一つの基準となっています。就業条件は、企業が直接的なコストをかけて提供するものではないため、法定福利・法定外福利とは質的に異なるものではありますが、社員への提供価値という点では福利厚生といえるものでしょう。

Column

日本における「退職給付制度」の特徴

「リスクへの備え」として挙げた退職給付制度は、とりわけ社員の人生設計において影響の大きい存在です。そこで、日本における特徴についてここで詳しく確認しておきましょう。日本では退職給付制度の提供は任意ですが、多くの企業が退職給付制度を実施しており、実施割合は社員数1000人以上の企業においては90.1％、社員数30人～99人の企業においても70.1％です［図表1-3］。

また、主な退職給付制度の種類と特徴としては、比較的規模の小

図表1-3 退職給付制度の有無、実施形態別企業割合

－％－

企業規模	退職給付制度がある企業	退職給付制度がある企業（実施形態別）			退職給付制度がない企業
		退職一時金制度のみ	退職年金制度のみ	両制度併用	
1,000人以上	90.1	25.9	27.0	47.1	8.8
300人～999人	88.8	41.9	17.9	40.2	11.1
100人～299人	84.7	60.3	13.2	26.5	15.1
30人～99人	70.1	77.2	6.6	16.2	29.5
計	74.9	69.0	9.6	21.4	24.8

資料出所：厚生労働省「就労条件総合調査」（2023年）よりマーサー作成

さい企業は退職一時金制度や中小企業退職金共済制度のみ、大企業においては企業年金制度（DBやDC等）と退職一時金制度を併用している企業が多くなります **[図表1-4]**。

これほど多くの企業が退職給付制度を提供している目的には、「退職給付として支給される場合、退職所得控除が受けられる等、社員にとって税制上のメリットがある」「老後のための安定資産の確保」等が挙げられます。また、退職給付制度を提供しない場合に、人材獲得やリテンション（人材の引き留め）における競争力が他社比で著しく劣後すると考えられることから、比較的小さい社員規模の企

図表1-4　主な退職給付制度の特徴

	確定給付企業年金制度（DB）	企業型確定拠出年金制度（企業型DC）	退職一時金（社内準備）	中小企業退職金共済
概要	•「給付額」があらかじめ約束された算定式に基づき支払われる企業年金制度 •企業が掛金の拠出・運用・管理の責任を負う	•「掛金額」があらかじめ約束された算定式に基づき拠出される企業年金制度 •企業が掛金の拠出を行い、社員が運用の責任を負う •運用結果によって給付額が変動する	•「給付額」があらかじめ約束された算定式に基づき支払われる制度 •DBと異なり掛金の外部拠出は行わず、社内準備を行う	•「給付額」があらかじめ約束された算定式に基づき支払われる制度 •算定式は16種類の掛金額および掛金納付期間に基づくシンプルなもの •企業が掛金の拠出・管理の責任を負う
導入企業の規模	主に大企業	小規模～大規模	小規模～大規模	中小企業のみ
支給形態	一時金または年金	一時金または年金	一時金のみ	一時金または年金
支給タイミング	退職時（年金受給年齢まで繰り下げも可）	原則60歳以降	退職時	退職時
拠出限度額*	なし	月額5万5000円－DB他制度掛金相当額	なし	月額3万円

＊2024年12月時点の拠出限度額を記載。今後の改正見込みについては第3章の「老後を支える退職給付制度」（110～125ページ）を参照。

業においてもその多くが退職給付制度を提供していると考えられるでしょう。

諸説ありますが、日本における退職給付の起源は、江戸時代の「のれん分け」の慣行にあったといわれており、主人・奉公人が積み立てた資金を奉公人の退職時に贈るという当時の三井家が有していた仕組みが始まりであるという説が存在します。その後、時代によってその意義や目的は変わっていきますが、現代の退職給付制度の原型ができたきっかけは、戦後の労働争議でした。1946年9月に始まった争議の中で、電気産業労働組合が「最低賃金制（生活保障給）」の確立とともに、退職金規定の改定を重要課題として要求に盛り込み、1949年に経営側と妥結しました。実現の背景には、戦後の食糧難や急激なインフレ、社会保障の整備の遅れを理由に要求・確立された「生活保障給」の延長として、「退職後の生活を保障する」ことへの支持が労使双方に存在したこと、不況下での人員解雇に伴う解雇手当を補充する仕組みとして労働組合が注目したことなどが挙げられます（出所：大湾秀雄・須田敏子「なぜ退職金や賞与制度はあるのか」『日本労働研究雑誌』〔2009年4月号、No.585〕、18～25ページ）。

戦後の混乱期を経て、高度成長期を通じて社会全体が右肩上がりの成長を続ける中、経営側は「長期勤続に対する功績報償」として、労働者側は「後払い賃金」としての退職給付の位置づけと重要性を主張してきました。退職給付制度は、経営側には「労働者に長期的な勤続による技術・技能習得を促すもの」として、労働者側には「老後の生活保障による安心感を醸成するもの」として機能し、結果として、企業成長を支える土台となっていきます。こうした背景の下で、退職給付制度は、終身雇用と長期勤続を基盤としたこれまでの日本の人材マネジメントにおける「文化」として確立してきたものといえるでしょう。

❷「法定福利」と「法定外福利」

本パートでは前述の「法定福利」と「法定外福利」の観点から、日本の福利厚生制度の歴史的背景や特徴を見ていきましょう。

法定福利と法定外福利は、実態として企業が一定のコストをかけて提供するものです。経団連の「福利厚生費調査」では、企業が社員に対して拠出する「総報酬」のうち、17%が福利厚生費とされています［図表1-5］。さらにその福利厚生費のうち、法定福利は78%、法定外福利は22%となります。

では、法定福利費と法定外福利費にはどのような関係性があるのでしょうか。［図表1-6］は1991年から2019年にかけての法定福利費と法定外福利費の実額（棒グラフ）と、現金給与総額に対する法定福利費と法定外福利費の割合（折れ線グラフ）を経年でまとめたものです。この図表を見ると、過去から現在にかけて法定福利費は伸長を続け、法定外福利費は横ばいもしくはやや減少傾向にあることが分かります。

理由としては、人口減少と少子高齢化による社会保険料の上昇があります。法定福利費のほとんどは社会保険料の事業主負担となる

図表1-5　コスト起点で見た福利厚生制度

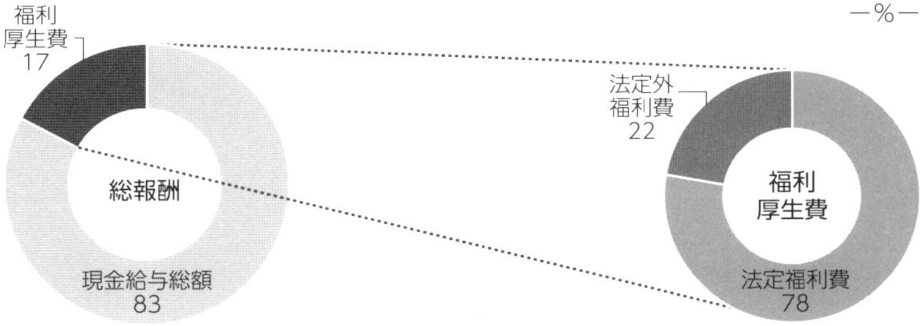

［注］「通勤手当、通勤費」「退職金」は含めずに算出した。
資料出所：経団連「第64回 福利厚生費調査」（2019年度）よりマーサー作成（［図表1-6〜7］も同じ）

図表1-6 福利厚生費の内訳の変遷

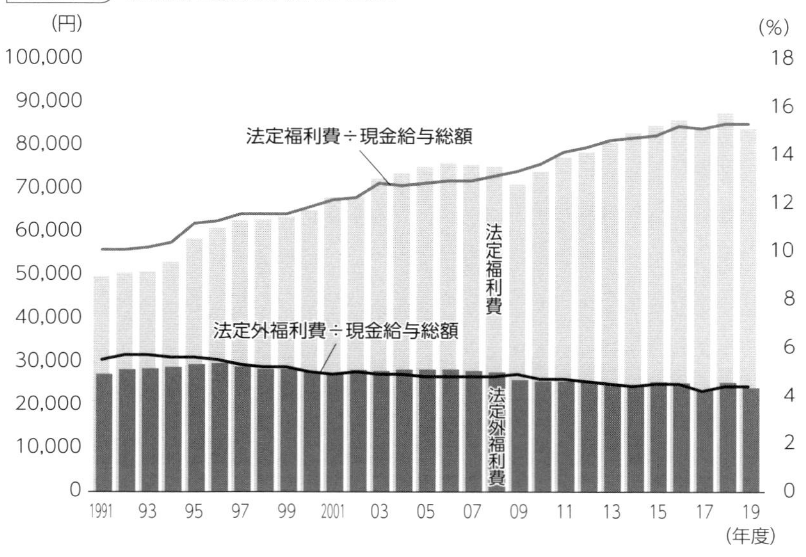

ので、社会保険料率が上昇すれば、法定福利費も上昇していきます。一方で、企業としての負担を踏まえた場合に、法定福利費と法定外福利費の合算である福利厚生費を一定にコントロールする意向が働くので、法定外福利費は抑えられる傾向があります。

法定外福利費が抑制されるこうした傾向は、今後も人口減少や少子高齢化のトレンドが続く限り、継続するものと考えられます。そのような中では、企業はより少ないコストで、社員満足度の高い法定外福利を提供するほかありません。

前述のとおり、法定外福利費は歴史的に法定福利費や雇用形態の影響を受けやすく、さらには昨今のトレンドを踏まえても、法定福利費の伸長により強いコストプレッシャーにさらされてきました。次は、そうした中で日本企業では法定外福利の範囲でどのような項目が提供されてきたのか、歴史的背景も交えながら解説していきます。

❸ 日本における「法定外福利」の特徴

日本の法定外福利には、三つの特徴が挙げられます。一つ目は住宅関連拠出への偏重、二つ目は手薄なセーフティーネット支援（各種保険制度）、そして三つ目は“ハコもの”中心のライフサポートです。

1　住宅関連拠出への偏重

まずは一つ目の特徴から見ていきましょう。[図表1-7]は2019年度の経団連の福利厚生費調査結果を基に、法定外福利費の内訳を示したものです。見てのとおり、法定外福利費全体の約半分を住宅関連拠出が占めています。

住宅関連拠出は、前述のとおり、社有社宅、独身寮、借り上げ社宅という実際の施設運営に関する費用と、持ち家補助として住宅ローン利子補給や住宅建築費用の一部補助、住宅財形奨励金を指します。

図表1-7　法定外福利費の内訳

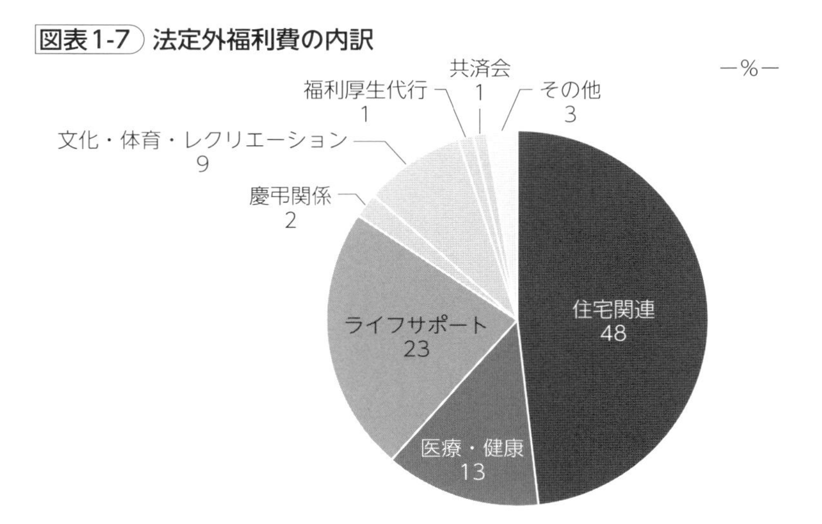

日本の福利厚生が「住宅偏重」である背景には、歴史的な事情があります。日本の福利厚生の端緒は、1872年に創業した富岡製糸場において併設された宿舎とされます。全国各地から女工を募集する上で、宿舎を製糸場に併設し、食堂や診療所も含めた衣食住全般への支援を提供しました。その後も1905年に経営を本格化した日立鉱山において、全国から鉱夫を募集する際にやはり社宅を中心とする生活の場の提供がありました。まさしく、日本の福利厚生の黎明期（れいめいき）においては、特定の場所に労働力を集約する目的の下で実施されてきた施策であるといえます。戦後の高度成長期にも、地方から都市部に若い労働力を集める上で、労務管理の一環として企業は独身寮を提供しました。さらに地方出身の新入社員を都市部に定着させ、結婚して世帯を構えた後には住宅を持たせるために、持ち家取得支援も同時に行われています。

こうした手厚い住宅関連施策は、高度経済成長期に地方の若い労働力を都市部に集めるという目的への手段である一方で、日本的雇用慣行である年功序列・終身雇用とも大きな関連性があります。

一つ目は、年功序列的な報酬形態の中で安く抑えられた若年時の賃金を、生活基盤となる寮・社宅によって補完してきたという側面です。高度成長期からバブル期にかけて、地方から優秀な人材を大量に採用した際に、年功賃金形態における初任給では首都圏の割高な家賃を賄うことができず、文化的水準を満たすどころか、衣食住すらも満足な生活を実現することは難しかったと考えられます。そうした状況で年功賃金の欠陥を補う形で登場したのが、福利厚生の現物支給による役割補完です。賄い付きの割安な独身寮、市場価格よりかなり抑えられた社員食堂等が提供されることにより、若年時の低賃金でも安定した生活を確保することができたと考えられます。そうした現物支給による役割補完の最たるものが、独身寮や社宅を中心とする住宅支援でした（出所：西久保浩二『進化する福利厚生―新しい使命とは何か―』〔労務研究所、2008年〕、26ページ)。

もう一つは、人材開発の一環として行われるジョブ・ローテーションに伴う転勤を円滑に進める手段として住む場所を提供するという側面です。いわゆる「メンバーシップ型」と呼ばれる伝統的な日本の雇用形態では、多様な業種や任地を経験したゼネラリスト養成が主眼に置かれています。そのため、定期的に、職種や勤務地の異動を含めたローテーションが慣行として行われてきました。会社都合で転勤を促すためには、転勤先での住居の確保は会社の責務となります。原則として家族帯同で転勤を行うために、家族も住むことができる社宅が各地に整備されたことにより、住宅支援は福利厚生コストの中でも大きなウエートを占めるようになりました。

❷ 手薄なセーフティーネット支援

二つ目の特徴は、手薄なセーフティーネット支援（各種保険制度）です。この特徴も、日本独自の社会保障システムの影響を多分に受けています。

歴史的に日本では社会保障制度が手厚かったため、企業として主体的にリスクへの備えを行うケースは多くありませんでした。❶の**❷海外と日本の福利厚生制度の違い**（17ページ）でも触れたように、この部分が海外、特に比較されることの多い米国の福利厚生との大きな違いです。日本ではむしろ、社員の生活のコアとなるセーフティーネット支援が健康保険の提供する社会保障制度で既に担われていたからこそ、手厚い住宅関連拠出、ひいては住宅偏重という日本の福利厚生制度の特徴が形成されたともいえるでしょう。

この領域では、企業が主体的に提供するケースは少なかったですが、「家長」を中心とする伝統的な家族像に対して、社員が共済会や互助会等を通じて自発的に遺族保障を運営しているケースもありました。また近年では減少傾向にあるものの、保険会社との株の持ち合いを理由に、保険メニューについては特定の保険会社任せとなってしまっているケースもあります。いずれにせよ、企業がセーフティーネットの領域に対して主体的に施策を行っていなかった点は大きな特徴です。

3 “ハコもの”中心のライフサポート

三つ目の特徴は、「“ハコもの”中心のライフサポート」です。ここでいう「ライフサポート」には、前掲の**[図表1-2]**で挙げた「生活・就業支援」のカテゴリーに入る給食、被服、自社製品の無料提供または割引販売、育児・介護と仕事との両立支援や通勤交通費が該当します。また、「文化活動支援」のカテゴリーに当たる自社運営の保養所や体育館・グラウンドなどの施設、さらには職場サークル・部活動等の支援、自己啓発活動補助等も含まれます。

この領域は**1 住宅関連拠出への偏重**で説明のとおり、歴史的には、日本の福利厚生の黎明期から労働者を募集する際の生活基盤の提供という位置づけで、給食や被服の提供等が主流でした。特に食堂や保養所の提供は、“ハコもの”中心のライフサポートとして特徴的なものです。しかし、社員のライフスタイルや価値観の多様化によって利用者に偏りが出やすく、また継続的に維持費もかかるため、社員ニーズに応じて臨機応変に調整できる割引サービスや健康・自己啓発支援等の“ヒトもの”のメニューへと変化しつつある領域です。

ここまで現在の日本の福利厚生制度の種類や特徴について、その歴史的経緯を含めて解説してきました。本パートで取り上げた特徴は、伝統的な日本型人材マネジメントの影響を強く受けているものです。次パートでは、近年の“メガトレンド”ともいうべき環境変化が、日本の福利厚生制度にどのような変化をもたらしつつあるのかに焦点を当てて説明していきます。

 福利厚生制度を取り巻く変化

ここまで見てきたように、戦後の社会構造や経済環境の下で、日本の福利厚生制度は独自の発展を遂げてきました。しかし、昨今において福利厚生制度を取り巻く環境は、“メガトレンド”ともいうべき大きな変化のただ中にあり、変革が求められています。背景には、三つの大きな変化——①雇用の流動化、②人材の多様化、③公的なセーフティーネットの弱体化があります。本章の締めくくりとして、その大きな潮流の変化を整理した上で、次章では「今まで」の福利厚生制度が抱える課題と、「これから」の福利厚生制度のあるべき方向性について考えてみましょう。

① ビジネス構造の変化に伴う「雇用の流動化」

日本の労働市場では、現在「雇用の流動化」が進みつつあります。総務省統計局のデータによると、転職者数は2008年のリーマンショック後に一時期落ち込んだものの2010年以降徐々に増加に転じ、コロナ禍に入る直前の2019年度に過去最多の353万人に達しました **[図表1-8]**。コロナ禍の期間に一時期落ち込みましたが、特に正規社員における「転職希望者」の割合は右肩上がりに伸びている傾向にあります **[図表1-9]**。また、2024年度の新入社員の40%近くが「チャンスがあれば転職」「将来は独立」「時期をみて退職」と回答しています **[図表1-10]**。この割合は10年前の2014年度調査の2倍近くに上ります。一方で「定年まで」との回答は約35%から約21%へと減少しています。若い世代を中心に、従来の「日本型雇用」の特徴であった「新卒で入社した会社に一生勤め上げる」という慣習は徐々に薄

図表1-8 転職者数の推移

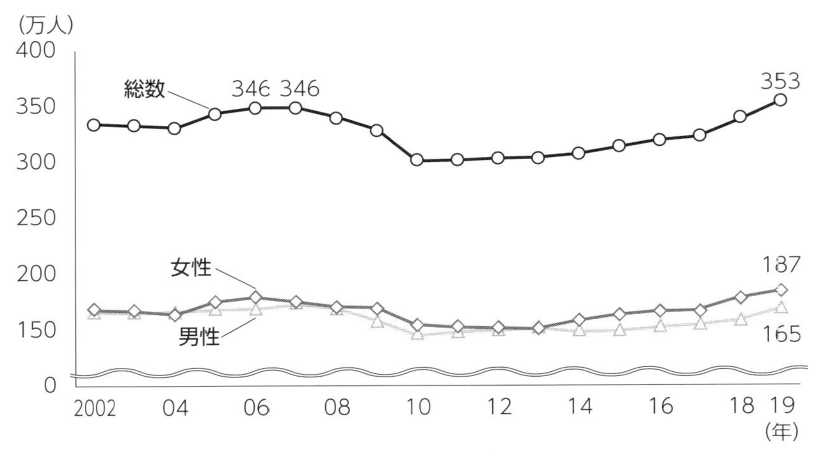

資料出所：総務省統計局「労働力調査（詳細集計）」（2023年）

れているといえるでしょう。

「雇用の流動化」が進むと、社員の人生を「丸抱え」でサポートする福利厚生制度の合理性は薄れていきます。社有社宅や保養所などの長期の維持コストがかかる“ハコもの”は、同じようなライフステージを歩む大半の社員が長期間にわたり勤め続けてくれることを前提として「一括購入・契約」することで経済的な合理性を有していました。しかし人材の出入りが当たり前になり、さまざまなライフステージをバックグラウンドに持つ社員が増えるに従い、その妥当性は低下します。長期勤続者ほど安定的な年金・一時金を保証する退職給付制度も、新卒入社から定年退職まで勤め上げることが必ずしも当たり前ではない時代においては、投資対効果に乏しいパッケージになります。反対に、そのときの要員構成や人材特性、社員ニーズに応じて臨機応変に調整できる割引サービスや健康・自己啓発支援等の“ヒトもの”メニューに加え、ポータビリティが高く、勤

図表1-9　転職者比率、転職等希望者の就業者に占める割合（正規の職員・従業員）

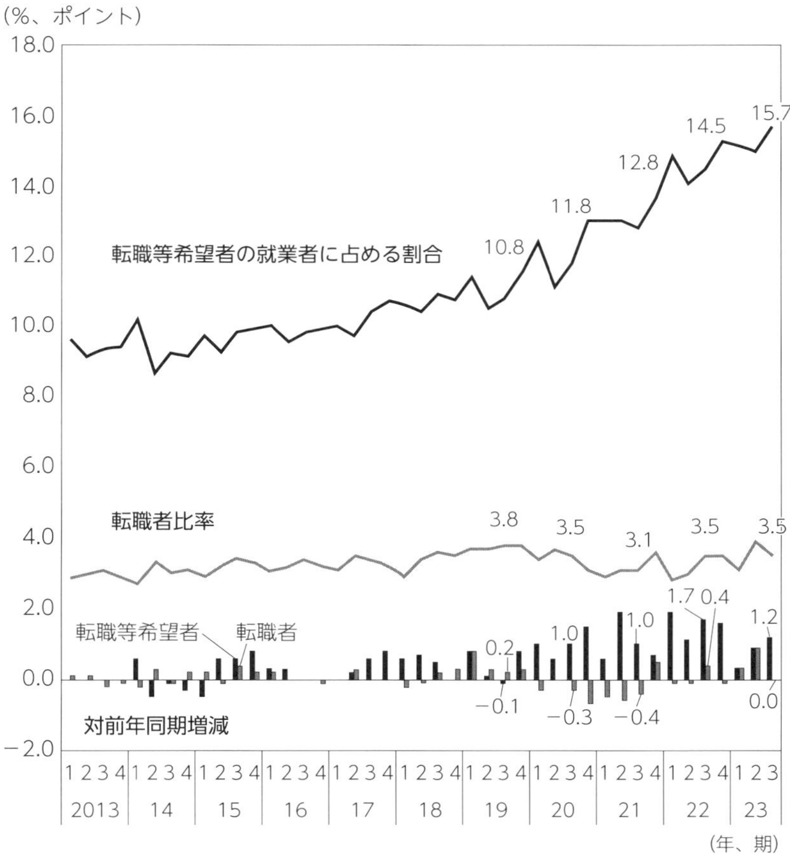

［注］ 1.　転職者比率（%）＝転職者数 ÷ 就業者数 ×100
2.　転職等希望者の就業者に占める割合（%）＝転職等希望者数 ÷ 就業者数 ×100

資料出所：総務省統計局「直近の転職者及び転職等希望者の動向について」（2023年12月18日開催「雇用失業統計研究会」第21回配布資料）

続年数によらず等級や貢献度に連動させた確定拠出年金制度（DC）への移行が、資源配分や運用コストの観点からも合理的であると考えられます。

図表1-10 就職先の会社でいつまで働き続けたいか

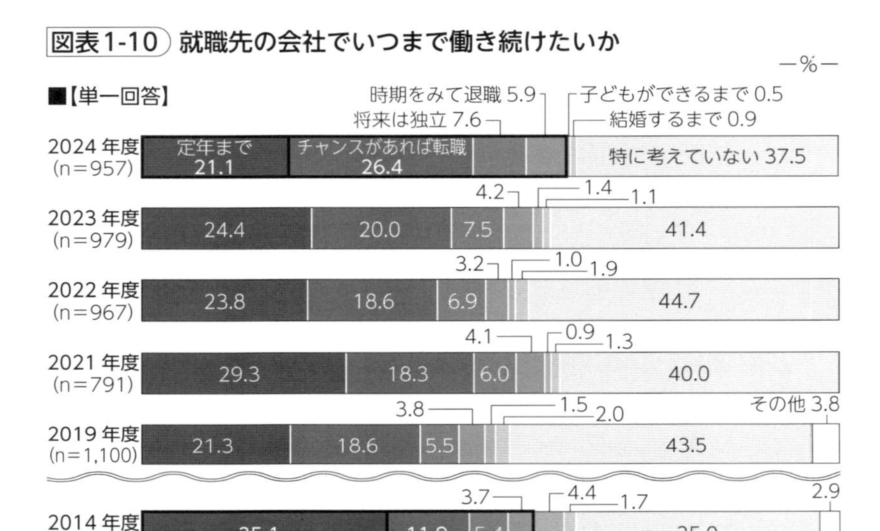

［注］ 1. 2020年度は本調査を実施していない。
2. 2021～2024年度の調査における本設問では、「その他」の選択肢を採用していない。
3. 2019年度以前の調査集計結果における「その他」は「無回答」を含む。

資料出所：東京商工会議所「新入社員意識調査」（2024年度）を一部改変

1 企業側から見た「雇用の流動化」

「雇用の流動化」は一過性の現象ではなく、経営・社員のどちらのサイドから見ても不可逆的な変化といえます。その背景についてまず経営側の視点に立って考えてみましょう。前述の「日本型の福利厚生制度」は、日本型経営の三種の神器と呼ばれた「終身雇用・年功的賃金・企業内組合」という人材マネジメント基盤の一環として一定の合理性を有していました。その背景には、右肩上がりの経済成長が見通せる経営環境下で、これまでの延長線にある事業戦略や組織体制を維持し続けることが企業成長にも合理的であったことが挙げられます。「自社の事業や組織、仕事の進め方、メンバーについてよく知っている」社員が何よりも重要であり、結果として長期間の勤続に報いる年功的な報酬管理を基盤とする仕組みが整備されました。「転職」は「裏切り」、「中途入社者」は「よそ者」であり、福利厚生制度も「勤続期間が長いほど恩恵を受けられるべき」という考え方が資源配分のベースとなったのです。退職給付も「自己都合退職者」は削減すべきであり、「中途入社者」は前職での積み上げがリセットされ、また定年時に勤続期間が少ないと給付の権利を得られないことさえあります。

しかし、バブル崩壊を契機とした日本経済の低迷、ソ連の崩壊や中国の改革開放政策によるグローバル化の進展、デジタル技術の革新に伴う業界構造やビジネスモデルの変化により、企業の事業戦略や組織構造は「これまでの延長線」からの転換を求められる機会も増えてきています。特に、Ｍ＆Ａや大規模な組織改編を伴う事業ポートフォリオの組み直しが生じるケースや、グローバル化やデジタル化に伴い競争環境や事業戦略が大きく変わる局面においては、「既存の人材」だけでは戦略遂行に求められる組織能力を担保できず、「自社にはない専門性や経験、文化を持つ人材」を取り込む必要性が高まります。市場価値の高いスキルや経験を持つ人材ほど労働市場において「引く手あまた」で、人材の獲得競争の激しさが増す半面、従来の事業・組織構造の中で活躍していた人材の中には、こうした変化にマッチしない者も生じてきます。事業譲渡や組織の統廃合、直接的な人員削減等がなされる場合はもちろん、そうでない場合においても、事業や組織が変化する中で自ら新たな活躍の場を求めて組織を離れる人材も増えてきます。事業の構造が変化するほど、組織を構成する人材に求められる能力も変化し、「人の出入り」も増えるのです。今後もこうした経営環境の変化に伴う事業構造の転換が進む限り、「雇用の流動化」のトレンドは広がり、福利厚生制度を含む人材マネジメント基盤の変革の必要性は高まり続けると考えられます。

2　社員側から見た「雇用の流動化」

社員側から見ると、「雇用の流動化」の背景には何があるでしょうか。「人生100年時代」といわれ、健康寿命が延びる一方で、少子高齢化に伴い年金受給開始年齢が引き上げられるなど、「長期間働き続けること」が前提の社会になってきています。その結果、会社の業績悪化による組織再編やリストラの可能性が否定できないこと、その組織に特有の業務経験やスキルしか身に付かないことなどが、長いキャリアを考える上ではリスクになり得ます。

こうした背景の下で、積極的なキャリアチェンジを通じて自身の仕事の幅を広げようと志向する人々が増えています。年齢を重ねるほど企業側が求める人材へのニーズは個別化・高度化しキャリアチェンジの難度が上がりやすくなるため、キャリアの幅を広げるためには、きちんと自らの軸を持った上で、若い期間のうちにさまざまな職務経験を積むことが必要になります。複数の企業を渡り歩き、多様な経験やスキルを身に付ける、副業を通じて複数のスキルや職務経験を積む、または特定の専門性に深く精通するためにコンサルティング事業等のプロフェッショナルサービスを目指すなど選択肢は多様化しており、特定の企業にとどまり続けるという選択そのものが相対化されつつあります。事業や組織の大きな再編がない企業に勤めていたとしても（あるいは、むしろそのような“安定的な”業務環境に身を置いているほど）、職業人としての自らの成長のために「外の世界」を志向する人材は増えていくと考えられます。こうした就労環境やキャリア観の変化に伴い、社員自身が自らの選択としてさまざまな組織や業界に出入りするという意味での「雇用の流動化」も、今後さらに進展していく可能性があります。

3　「雇用の流動化」がもたらす変化

これまでの日本企業は、長期間にわたり同じメンバーで組織が構成されるという前提に基づき、「内部公平性（年齢や勤続年数、社内における力関係に基づく暗黙の序列への配慮）」を重視した報酬決定が主流でした。しかし、この「雇用の流動化」の流れを受けて、特に新卒採用や高度専門人材等の領域においては市場価格に基づいた報酬決定が定着し始めています。「内部」から「外部」へと“物差し”が変わりつつあるのです。

一方、福利厚生制度は、従来の「新卒一括採用」「終身雇用」を前提とした枠組みが多く残されています。多くの社員が画一的なライフステージを歩むことを前提に、社宅や保養所などの“ハコもの”を一括購入または契約することには経済的な合理性がありました。また、「長期勤続者」に有利となる退職給付制度が残存しているケースも多く、「同質的な社員が長期間、企業に所属し続けること」を前提とした福利厚生制度の妥当性が高かったのです。

しかし「雇用の流動化」が進むと人材の出入りが当たり前になり、社会構造や価値観の変化も受けて、社員の家族構成やライフステージも多様化していきます。そうなると、“ハコもの”を一括購入して広く提供する仕組みは経営的にコスト合理性に乏しく、「長期勤続」にインセンティブを付与した退職給付制度も不公平の温床になるおそれがあります。また、企業が求める「市場価値が高い人材」ほど、他社からの需要も高いので、報酬優位性や企業理念への共感、キャリア上の納得性が相当高くない限り、自社に骨をうずめてくれる保証はありません。社員側から見ても、自らのキャリアや生活上の理由から働く環境を変えたい場合、これまで積み上げてきた「勤続年数」による便益を手放さなければならず、中途入社すると既存社員よりも明らかに恩恵が少なくなるため、アンフェアに感じられやすい仕組みだといえます。このように、多くの人材が出入りし、良い人材ほどその引き留めが難しいこれからの労働市場に適応したコンセプトへの見直しは、福利厚生制度においても急務といえるでしょう。

❷ 社会構造や人々の価値観の変化に伴う「人材の多様化」

もう一つ、福利厚生制度の改革が求められる背景として忘れてはならないのが「人材の多様化」です。前述のとおり、「雇用の流動化」によって自社における人の出入りがこれまでよりも活発になると、異なるバックグラウンドや職務経歴、スキル、価値観を持った人材が入社してくることになり、社内の「人材の多様化」も進行します。それに伴い、福利厚生制度を通じて支援する生活や健康、自己啓発等に対するニーズも一概には定められなくなっています。この点について、企業側と社員側双方の視点で考えてみましょう。

1　企業側から見た「人材の多様化」

これまでの日本企業は、新卒一括採用と長期雇用を前提として、「同質性の高い集団」であることによる強みをベースとした人材マネジメントを志向してきました。お互いが長く同じ組織に所属している「顔見知り」であり、組織や職種を横断した頻繁な人事ローテーションによって、自社内の特殊熟練技能の習得や幅広い社内の人脈形成が重視されてきました。緊密なコミュニケーションを通じた「擦り合わせ」によって製品・サービスの質向上を実現することで、競争力を高めてきたのです。「自社に関する深い理解」を有する人材を一人でも多く育てるために、一から自社の色に染め上げることができる「新卒入社」を重視し、長時間労働や人事ローテーションに伴う転勤を厭(いと)わない「男性・総合職・専業主婦家庭の世帯主」に重点的に資源を配分することに合理性がありました。そのため、家族手当等の「Pay for family」型の報酬＝仕事とは関係のない事由に基づく給与や、ライフステージを意識した年功的な昇給・昇格を基盤とした報酬体系が整備されていきました。結果として、社宅や住宅手当、扶養家族に関連した報酬や福利厚生などが充実する一方で、これとは異なる属性を持つ人材は、どんなに優秀かつ事業に必要な特性・スキルを有していても、資源配分の対象となりづらい構造になったのです。福利厚生制度においても、生活支援に関連するサポートを提供する観点から「世帯主」への傾斜配分が顕著なケースが多くあります。

しかし、前述のような経営環境・事業構造の変化やそれに伴う雇用の流動化が進むと、中途採用で入ってくる、バックグラウンドや前提知識が異なる人材が職場に増え、「同質性」を前提とした人材マネジメントは機能しづらくなります。福利厚生制度の枠組みで支援していた「住宅」や「家族」に関するサポートは、利用用途を特定したメニューや社宅・保養所等の“現物”での支給よりも、ライフスタイルにかかわらず「金銭報酬」に組み込むほうが多くの人にとってフェアであるという考え方もあり得ます。企業競争力の源泉である人材の特性が変化するにつれて、従来の要員構成上「暗黙の前提」となっていた「新卒・男性・世帯主」を中心としたメニューや資源配分のバランスを見直し、特定の属性に偏らない幅広いラインアップをそろえることが福利厚生制度改革の第一歩といえます。

2　社員側から見た「人材の多様化」

社員側から見ると、価値観の変化やライフスタイルの多様化に福利厚生制度が追い付いていないケースが多く見受けられます。また、少子高齢化や晩婚化により社会構造も変化する中で、婚姻率や子どもの数は低下し **[図表1-11]**、結婚している家庭においても共働き世帯が専業主婦世帯の約2.5倍になっています **[図表1-12]**。こうした背景を持つ現代社会にあって、「婚姻」「世帯主」「子どもの有無」を基準とした手当や福利厚生の仕組みはアンフェアな資源配分といわざるを得ません。「終身雇用の下で、一家の責任を一手に引き受

図表1-11 婚姻件数および婚姻率、夫婦の完結出生児数の推移

①婚姻件数および婚姻率の年次推移

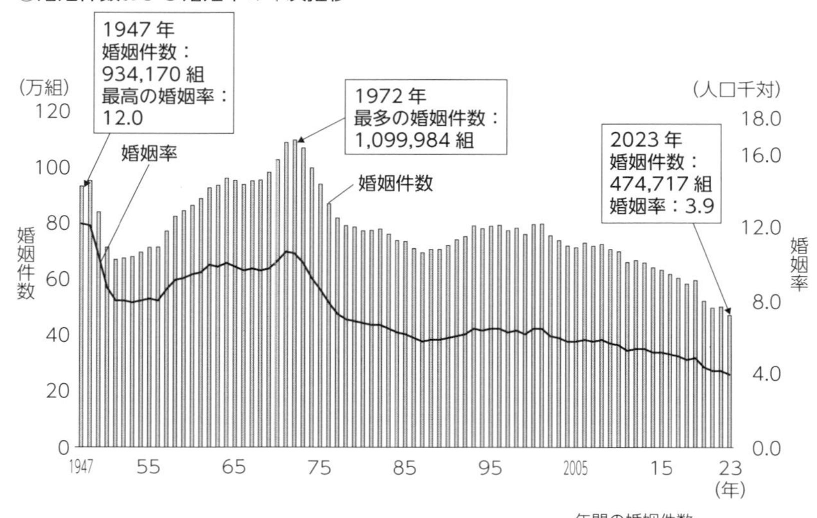

[注] 婚姻率：人口1000人に対する婚姻件数の割合。 婚姻率＝$\frac{\text{年間の婚姻件数}}{\text{10月1日現在日本人人口}}$×1000

資料出所：こども家庭庁「結婚に関する現状と課題について」(2024年7月19日開催「若い世代の描くライフデザインや出会いを考えるワーキンググループ」第1回配布資料)、②表も同じ

②夫婦の完結出生児数

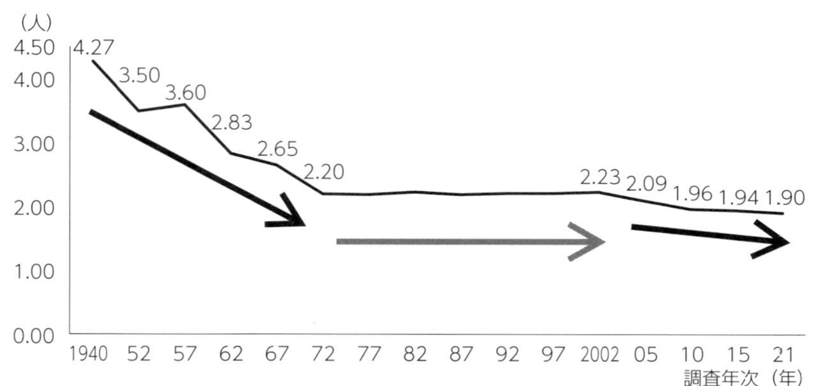

[注] 対象は結婚持続期間15〜19年の初婚同士の夫婦（出生子ども数不詳を除く）。各調査の年は調査を実施した年である。

図表1-12　専業主婦世帯と共働き世帯

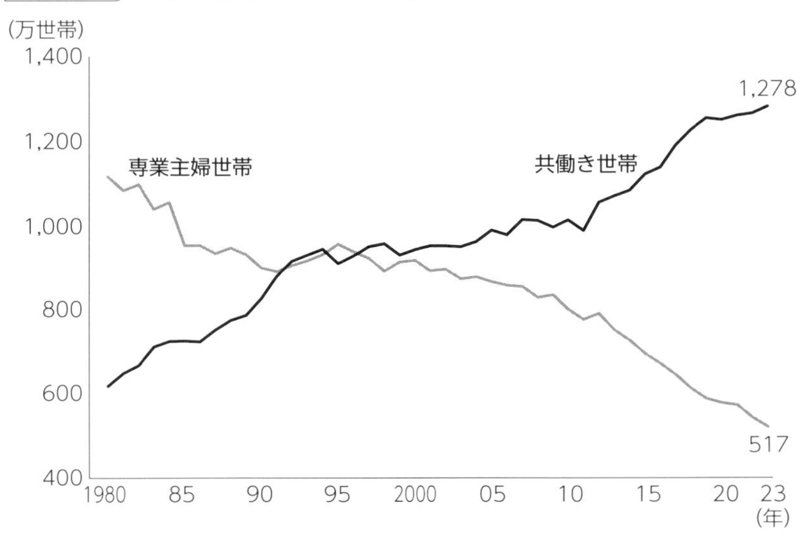

［注］ 1.　「専業主婦世帯」は、夫が非農林業雇用者で妻が非就業者（非労働力人口および完全失業者）の世帯。2018 年以降は夫が非農林業雇用者で妻が非就業者（非労働力人口および失業者）の世帯。
2.　「共働き世帯」は、夫婦ともに非農林業雇用者の世帯。
3.　2011 年は岩手県、宮城県および福島県を除く全国の結果。
4.　2018～2021 年は 2020 年国勢調査基準のベンチマーク人口に基づく時系列接続用数値。

資料出所：労働政策研究・研修機構ウェブサイト「早わかり　グラフでみる長期労働統計：専業主婦世帯と共働き世帯」(2024 年 2 月 19 日時点)

ける“家長”を想定した経済的支援」を提供する枠組みは、時代遅れかつ不公平なものになりつつあります。例えば住宅や保養所、レジャー、財産形成等のメニューは、前述のとおり「世帯主」割合の高い既婚の男性社員に受益者が偏りやすく、またその給付事由も仕事上の貢献や成長などに関係のない属人的なものになりやすいのが実情です。

このように企業側が内容や提供対象を指定するタイプのメニューは受益者の偏りを生みやすく、異なる属性やニーズを持つ社員はその恩恵を受けづらくなります。「終身雇用」と「年功的な処遇」という形で企業が社員の人生を「丸抱え」でサポートすることが企業としての競争力や社員の人生の豊かさにつながっていた時代には、企業が「保護者」、社員が「被保護者」として特定のメニューを提供することは双方に恩恵がありました。しかし、雇用の流動化とそれに伴う人材の多様化が進み、企業・社員それぞれが自らの意思に基づいて「互いを選び合う」関係になるにつれて、福利厚生制度の在り方も変わっていく必要が生じてきます。福利厚生制度を通して、何を、どの人材層に対して重点的に支援していくのか、逆にどの部分については個人の意思やライフスタイル、ニーズを尊重した自己選択の領域とするか、各企業は自社の事業戦略や経営理念に照らしてその資源配分を慎重に検討することが求められます。社員側も何が自らの成長や生活の豊かさにつながるのか、自らのキャリア観やライフスタイルに応じて主体的に取捨選択することが必要になってきています。

❸ 「人材の多様化」がもたらす変化

ライフスタイルや価値観が多様化する現代においては、福利厚生制度の中に残存する「仕事以外の基準（婚姻区分や子ども、持ち家の有無等）」による受益差も不公平の温床になります。より多様な人材を確保・活用する上では、特定のライフスタイルに特化した資源配分を廃した上で、社員が自らの必要に応じて最適なメニューを選択できる仕組みを構築することが求められます。多様な人材を包摂する福利厚生制度を目指すためには、社員全体へ公平に提供する部分と、社員が自らのニーズに基づいて選べる部分、企業が自社の優先順位や経営理念に基づいて重点配分する部分、これらをバランスよく見直すことから始めるのが肝要です。

第2章で紹介する「フレックス・ベネフィット」という考え方は、

「企業が提供する部分」と「社員がニーズに応じて選択する部分」から構成される福利厚生制度を指します。ライフスタイルや価値観、家族構成等の多様化が進む中では、会社として提供すべき／したいメニューは担保した上で、社員一人ひとりが自らのニーズに即して自律的かつフレキシブルに選択できる仕組みを整えることが重要です。

雇用の流動化や人材の多様化により、「企業が社員を選ぶ時代」から「企業と社員がそれぞれを選び合う時代」への変化が生まれつつあります。これまでの福利厚生制度は、企業側が社員に対して、“ねぎらいの意味を込めて社員に便益を還元する”というスタンスの下で「第二の給与」としての性格を強く有してきました。スケールメリットを活用した保養施設利用やレジャー等への補助を提供することは、（特に世帯主として一家を支える）社員の「可処分所得向上」や「家族サービスの支援」というメッセージを包含していたといえます。しかし、雇用の流動化が進んで「企業も社員から選ばれる」時代になり、企業に集まる人材の価値観やバックグラウンドも多様化する中では、「自社が社員へ提供したい価値」は何かを明らかにし、その意思を込めた福利厚生へと進化させることが必要になってきているのです。

福利厚生制度は、仕事における成長支援や生活の安心、心身の健康、老後の支えなど、社員に対してさまざまな恩恵を提供できるという意味で、極めて懐が深く、設計の自由度が高いプラットフォームです。「報酬」における競争が過熱する中で、自社のアイデンティティーや価値観に基づいたコンセプトを設定し、社員の不安やニーズを満たし、または社員の成長を後押しする福利厚生制度へと再構築することは、社員にとっての自社の魅力を高めるとともに、効果的な人件費配分を実現する上で不可欠な取り組みであるといえるでしょう。

❸ 少子高齢化に伴う「公的なセーフティーネットの弱体化」

本パートの最後に、「国・社会」と「企業・個人」との関係に目を転じてみましょう。日本の平均寿命は、戦後一貫して延び続けてきました。2050年には女性は90歳を、男性は84歳を超えるという予測もあります［図表1-13］。私たちはより長く人生を謳歌できるようになった一方で、働く期間も老後の期間も長くなっています。これに伴い、自身のキャリアや心身の健康、資産形成についてより深く考え、計画的に準備する必要性が高まっています。その一方で、私たちの「長生き」を支える公的社会保障は、少子化に伴う労働力人口の減少と相まって徐々に弱体化しています。

社会保険や公的年金は「セーフティーネット」と呼ばれるように、個人の生活の不安を取り除き、人々が自身の能力を最大限に発揮して自己実現を図る挑戦の支えとなるものです。したがって、働く期

図表1-13 平均寿命の推移と将来推計

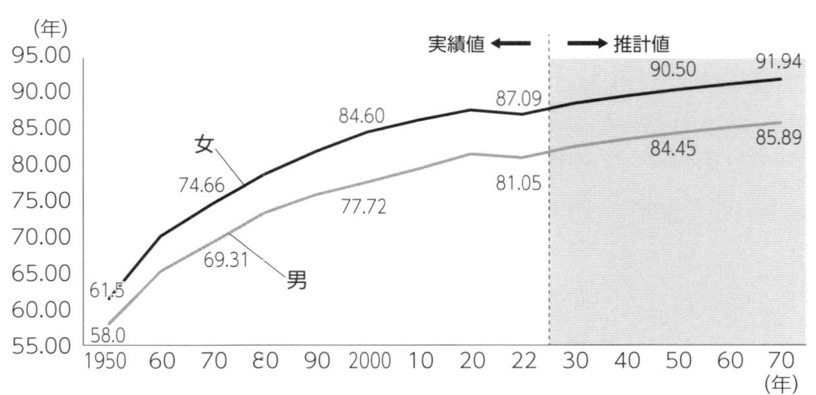

［注］ 1970年以前は沖縄県を除く値。0歳時点における平均余命が「平均寿命」。
資料出所：内閣府「高齢社会白書」（2024年）

間と生きる期間が長くなり、それを支える公的保障が先細っていく中では、その役割を企業の福利厚生制度が補完的に担っていくことのニーズ、そして個人が自律的に老後への備えをしていくことの必要性は高まっていきます。

働く側のキャリア形成という観点に立つと、「より長く働き続ける」上では、特定の企業やスキルに依存したキャリアを歩むことには大きなリスクが伴います。その企業が未来永劫（えいごう）存続する保証はありませんし、時代の変化に伴って身に付けたスキルはいつか陳腐化する可能性があるからです。長い職業人生を送るためには、段階的にキャリア目標を定めて、所属する組織や働き方をシフトする、リスキリングに挑戦して異なる役割や職種に乗り換える、または一時的に仕事を中断してインプットの時間を設けて新たなチャレンジに備えるなど、自律的にキャリアや働き方を選択しながら道を切り開いていくことが求められます。その過程では、生活や家庭環境にも変化が生じることも多いでしょう。育児・介護と仕事との両立、病気やけがによるキャリアの中断、家族の事情による勤務地の変更など、さまざまな変化やコストが生じることのリスクにも備えておかねばなりません。そして、少子高齢化に伴い公的社会保障が弱体化していく中では、職業人生の後にある「長い老後」に対する経済的な備えも欠かせません。

福利厚生制度は、こうした将来的な備えにも幅広く活用できる貴重な受け皿であり、だからこそ時代の変化に沿ったものへと変革していく必要があります。これまでの社会では、私たちが歩む長い人生で生じるキャリア、コスト、そしてリスクを包括的に守ってくれたのは、経済成長を背景として手厚い公的社会保障を提供してきた「国」、そして全国転勤や長時間労働などの家庭生活も含めた生涯にわたる貢献と引き換えに雇用を保障してきた「企業」でした。これまでの福利厚生制度は、こうした社会背景を反映した構造になっていましたが、「国」による保障が減少し、「企業」と社員の関係性が変わっていく中で、一人ひとりが自律的に自らの人生をデザインしていく必要性が高まっています。企業にとっては優秀な人材確保の受け皿として、社員にとっては「人生100年時代」を生き抜く支えとして、福利厚生制度が果たすことができる役割はこれまで以上に広がっているのです。

第２章では、こうした社会環境の変化の中でこれまでの福利厚生制度が直面している課題を具体的に見ていくとともに、これからの日本企業に求められる戦略的な福利厚生制度の設計と活用の方法について着眼点を提示します。それぞれの事業環境や戦略、これから必要となる人材の特性等を踏まえながら、自社の福利厚生制度の課題とこれから進むべき方向性について考えてみてください。

第2章 福利厚生制度の「今まで」と「これから」

1 「今まで」の福利厚生制度とその課題

第１章では、福利厚生の定義や歴史、種類、そして昨今の人材マネジメントに関連する大きな潮流の変化を通じて、福利厚生制度の改革が求められている背景を概観してきました。本章では、これらを踏まえて福利厚生制度における個別の項目・メニューについて、具体的にどのような課題が生じているのかを考えてみましょう。第１章で示した枠組みに基づき、「住宅支援」「リスクへの備え」「生活・就業支援」「健康支援」「文化活動支援」の五つの法定外福利費の項目、および「リスクへの備え」の一環としての「退職給付制度」について、それぞれ現状の課題を整理します。

総じていえることは、「新卒一括採用から定年までの終身雇用」、そして「個人が会社にフルコミットする」ことを前提とした「会社主導の異動や転勤」という、これまでの日系企業における人材マネジメントの在り方に起因した課題が生じ始めているという点です。例えば「住宅支援」において、独身寮等の仕組みには新卒入社の若手社員の給与補塡(ほてん)としての性格があり、中堅以上の中途入社者から見れば“偏り”のある資源配分です。また、全国各地にある各種社宅支援には「会社主導の異動や転勤」に対する代償やいわば“贖罪(しょくざい)”としての性格があり、容易に転勤ができない共働き世帯や介護・育児と両立しながら働く社員からは不公平に映ります。このように、「雇用の流動化」「人材の多様化」「公的なセーフティーネットの弱体化」というトレンドから見ると、日本の典型的な福利厚生の枠組みには課題が見えてきます。

❶ 住宅支援

日本の福利厚生において大きな割合を占めるのが住宅支援であり、日本の福利厚生の特徴ともいえる分野です。前述のとおり、この分野に大きなコストをかけてきた背景には、「年功序列的な報酬形態」と、人材開発の一環として行われる「転勤を伴うジョブ・ローテーション」という日本型人材マネジメントの構造があります。独身寮は、報酬水準が低い若年層、特に地方出身者に安価な住まいを提供する「現物支給」に近い意味合いを持っていました。また社宅は、定期的な配置転換や転居を伴うローテーションを行う上での「会社の責務」として整備されました。

これらの福利厚生には、多くの人材が「新卒採用」で入社し、「定期的な異動」を通じてゼネラリストとして養成され、「終身雇用」の代償として所属する企業に長期間にわたりフルコミットする、という構造がその前提にありました。こうしたコースを歩む社員の大半が「男性・総合職」であり、その多くが30代になる頃には「専業主婦と子ども２人」の世帯主として企業に骨をうずめる、という同質的なモデルに即した人生を送ることが想定されていました。転勤者への支援との公平性という観点、および持ち家を購入して住宅ローンを抱えた社員はその年齢も相まって転職が難しくなるため、より一層のコミットメントが期待できるという観点から、持ち家取得にも積極的な支援をするケースが多くありました。こうして築き上げられた「住宅偏重」の仕組みは、社員にとっての既得権益になっていることもあって削減しづらく、アンバランスな資源配分の主因となっています。

しかし、「雇用の流動化」という観点から見ると、生活補填や転勤への補償などを目的とした「独身寮」や「社宅」の在り方は変容せざるを得ない状況にあります。報酬決定の基準が「年功」から「役割・職務」や「専門性」にシフトしていく中で、若年層においても高いスキルや能力があれば高い報酬を受け取れるようになり、「生活費の補塡」としての住宅支援の必要性は小さくなっていきます。また、既に持ち家がある状態で中途入社した社員は、新卒入社で独身寮に住み、転勤時には手厚い社宅の支援を受け、持ち家購入にも支援を受けた「プロパー社員」に比べて、受けられる恩恵に大きな差があり、不公平を感じることもあるでしょう。

「人材の多様化」という面でも、共働き世帯が多数派となり、配偶者にも仕事とキャリアがあることが当たり前になる中で、「転勤」を伴う異動そのものが忌避されるようになってきています。コロナ禍やテクノロジーの発達によってリモートワークの活用等も進めば、転勤を伴う異動そのものの必要性が減少していきます。こうした中で、福利厚生制度全体の原資において「転勤」者向けの社宅に大きなポーションを割くことの正当性が問われています。一方で、ビジネス上の要請で社員を転勤させる場合には、そのことをきっかけとした社員の退職やモチベーション低下のリスクを考慮する必要性も高まっています。実際、転勤の形態として家族帯同に比べて単身赴任のほうが増加傾向にあり、企業は転勤という施策に対してより慎重になることが求められます **[図表2-1]**。

これからの住宅支援は、「生活補塡」ではなく「若手社員間の交流の場」としての独身寮、「定期的なゼネラルローテーションの補償」ではなく「優秀人材の戦略的な異動・配置の実現」のための社宅など、今の時代と経営方針に即した明確な目的に基づく施策への転換が求められています。

図表2-1 国内転勤者の増減傾向（2016年以降の５年間）

①家族帯同赴任者　　—（社）、％—

区　分	全　産　業				製　造　業	非製造業
	規　模　計	1,000人以上	300～999人	300人未満		
合　　計	(239) 100.0	(　85) 100.0	(　99) 100.0	(　55) 100.0	(　98) 100.0	(141) 100.0
増加している	8.4	10.6	10.1	1.8	9.2	7.8
減少している	26.4	25.9	24.2	30.9	24.5	27.7
横　ば　い	**63.2**	**63.5**	**64.6**	**60.0**	**64.3**	**62.4**
そ　の　他	2.1		1.0	7.3	2.0	2.1

②単身赴任者　　—（社）、％—

区　分	全　産　業				製　造　業	非製造業
	規　模　計	1,000人以上	300～999人	300人未満		
合　　計	(248) 100.0	(　88) 100.0	(103) 100.0	(　57) 100.0	(104) 100.0	(144) 100.0
増加している	18.5	17.0	21.4	15.8	18.3	18.8
減少している	16.5	19.3	11.7	21.1	16.3	16.7
横　ば　い	**64.9**	**63.6**	**67.0**	**63.2**	**65.4**	**64.6**

[注]　①家族帯同赴任者の「その他」は、“直近５年間で実績なし”など。②単身赴任者は「その他」の回答がなかった。

資料出所：労務行政研究所「国内転勤に関する実態調査」（2021年）

❷ リスクへの備え

「もしも働けなくなったら」という事態への備えは、これまでの日本の福利厚生では「雇用を保障した上での休職」と「遺（のこ）された家族に対する金銭的ケア」という形を中心としてきました。これは、たとえ働けなくなった場合でも定められた休職期間の間は最大限「仲間」として支えるという「終身雇用」、「一家の大黒柱」を亡くした家族の生活をできる限りサポートするという「専業主婦世帯」を前提とした考え方でした。しかし、「雇用の流動化」と「人材の多様化」が進展する中で、企業が提供すべき「リスクへの備え」の在り方も大きく変わりつつあります。

まず、企業にとっては働けなくなってしまった人材を「雇用」という形で抱え続けることは大きなリスクにつながります。また、

「休職」と「復帰」を繰り返すことで雇用自体を保障できたとしても、普段のパフォーマンスを発揮できない社員を抱え続けることは有形・無形のコストにもなります。一方、社員にとっても、健康保険から「傷病手当金」が支給される１年６カ月を過ぎれば収入が途絶えてしまいます。労働組合や共済会等を通じて付加的なサポートが得られる企業もありますが、新たな企業への転職が難しい以上、「雇用保障」「休職」「傷病手当金」は一時的なサポートにとどまります。

従来は中核社員の大半が「世帯主」という前提から、「一家の大黒柱」の死亡に備える「遺族保障」が福利厚生の中心でした。しかし家族形態が多様化し共働き世帯が増加するにつれて、夫婦のいずれかが就業不能になった場合への補償に関心が向きつつあります。例えば「就業不能保険」として各保険会社が提供するGLTD（団体長期障害所得補償保険）というサービスの中には、会社が各社員の保険料を支払うことで、在籍中の病気やけがで就業不能となり、その後、結果として「退職」を選択した場合も、最大で定年年齢まで一定の収入を補償してくれる仕組みがあります。社員が個人で保険料を積み増せば補償の厚さを増すこともできるので、企業による補償／保障を土台として各自がそれぞれのニーズに合わせて活用できます。

このように、公的なセーフティーネットが弱体化し、「終身雇用」と「世帯主」という前提が崩れつつある今、企業が社員の一生や家族を組織として丸抱えして下支えする時代から、「保険」というスキームも活用してコストやリスクを抑制しながらベースとなる補償／保障を提供する時代へと変化し始めています。また、社員側も、自らのライフスタイルに基づいて主体的にリスクへの備えについて考え、実行することが求められています。

これらの改革に企業が取り組めていない理由として、提供主体が多岐にわたることも挙げられます。人事部内でもいざというときのセーフティーネットについて全体を把握できていないことが足かせとなり、全体的な変革のアプローチを取りあぐねている、というのが実情です。しかし、「平均寿命の延び」と「公的なセーフティーネットの弱体化」が同時進行するこれからの時代において、企業と社員それぞれが自律的にリスクに備えられる枠組みを構築することは不可欠な命題であるといえるでしょう。

❸ 生活・就業支援

歴史的には「生活基盤の提供」という位置づけで給食や被服の提供等が主流であった分野ですが、近年では特に、育児や介護と仕事との両立支援策の拡充がトレンドとなることが見込まれます。労働力人口の減少や女性の活躍推進の中で、人材の多様化が進むとともに、男性の育児参加は不可逆的に増えていきます。企業として、生活上の負担軽減を通じて社員の生産性やパフォーマンス向上を後押しする観点から、育児・介護と仕事を両立する社員への支援は今後ますます大きなテーマになるといえるでしょう。

これまでの「生活・就業支援」の中心は、主に女性の育児休業（以下、育休）と復帰に焦点が当てられてきました。女性が育児の主たる役割を担うことを前提として、時短勤務や看護休暇などの就業条件の整備が進められてきたのです。その中で2022年４月の育児・介護休業法の改正により、配偶者の出産に際して男性社員も育休を取得しやすいよう、出生時や分割した形での育休取得の枠組みが規定されました。これにより男性の育休取得率自体は増加する一方、依然として女性側への育児負担の偏りや男性社員の育休取得期間の短さは課題として指摘されていますが、男性・女性双方がキャリアを継続させながら育児と仕事を両立するための法律的・制度的な土台は徐々に整備されてきています。

しかしながら、夫婦ともに正社員で同程度の収入やキャリアがあるケースは増えている一方で、「休業前」と「復帰後」には、まだ大きな課題が残されています。産休や育休による離脱は、その当事者が職場において中核的な役割や責任を担っている場合には特に、男性・女性を問わず他のメンバーにとって大きな戦力の喪失となります。また家庭においても、「夫と妻が対等に仕事と育児に時間を投下している」という状態は実現していないのが現状です［図表2-2］。「休業」という制度的な枠組みが整備されている一方、それぞれの企業や家庭において継続的に育児と仕事の「両立」を実現するための後押しが今後は一層必要とされるといえるでしょう。

ほかにも、今後さらに加速していく少子高齢化を見据えると、「介護」や「治療」と仕事の両立も大きな課題です。介護との両立は育児とは異なり「終わり」が見えない戦いであり、休業制度をフル活用できたとしても、長期間にわたり日常的に仕事と「両立」を続

図表2-2 夫・妻の1日当たりの家事関連時間の推移（週全体の平均）

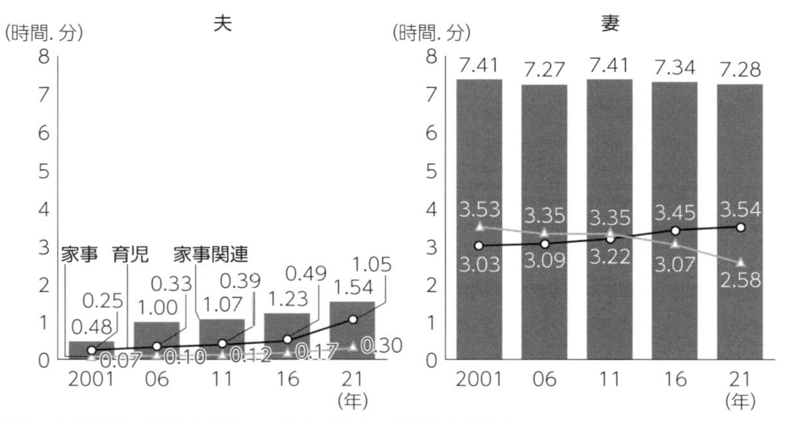

［注］ 6歳未満の子どもを持つ夫婦と子どもの世帯を対象としている。

資料出所：総務省統計局ウェブサイト「統計 Today No.190　我が国における家事関連時間の男女の差～生活時間からみたジェンダーギャップ～」（2023年2月8日公表）

けていかなければなりません。また医療技術の進歩もあり、社員が病気等により長期離脱した後に復帰し、治療と両立しながら仕事を続けるケースも増えていくでしょう。前述の「リスクへの備え」と併せて、企業・個人ともにこれらのライフイベントやアクシデントが生じることを念頭に置いた上で、長期間にわたるキャリアの継続を考えていくことが必要です。

こうした時代の変化の中で、休職や金銭的なサポートだけでなく、「時間」的な余裕をきちんと確保することの重要性が増しています。“仕事における「時間」と「場所」の柔軟性を高めることで、「仕事と育児・介護の両立」をする上で自律的に活用できる時間の総量を増やしていこう”という考え方です。2020年から数年にわたり続いたコロナ禍は、通勤の混雑を避けるための時差出勤や在宅勤務を中心としたリモートワーク等、仕事における柔軟な「時間」と「場所」の在り方を社会に広く浸透させました。育児・介護・治療等の生活に関わる領域と仕事との両立における課題を軽減する上でも、フレキシブルワークを含めた「広義の福利厚生制度」の枠組みで検討していくべきテーマといえるでしょう。

④ 健康支援

健康支援は、これまでは健康保険に一任しているケースが多い分野でした。しかし、公的社会保障の弱体化によって健康保険によるサポートや給付の範囲、手厚さは徐々に縮小していく傾向にあり、企業や個人の責任による健康管理の重要性が増してきています。

企業内の組織構成という面から見ても、少子高齢化と生産年齢人口（15～64歳）の減少、年金受給年齢の段階的な引き上げ等によってシニア人材に対するニーズや活躍の場が広がっています。今後も定年の延長や廃止を行う企業は増加していくと考えられ、これまで以上に年齢層の高い社員の割合が増えていくことが予想されます。となれば、必然的に社員の健康管理の必要性も高まっていくことになるでしょう。また、人手不足や業務に求められる専門性、技術の高度化・細分化などに伴い日常的なストレスが生じやすくなっています。今や多くの会社にメンタルヘルス不調の社員が発生しており、1000人以上の企業のうち90％以上で１カ月以上の休業を余儀なくされた社員がいます **[図表2-3]**。

　こうした背景の下で、従来のような健康保険組合による手厚い給付やサポートに依拠した受動的な施策に頼るのではなく、予防医療の観点も踏まえて企業・社員自らが主体的な健康増進施策を構築す

図表2-3　過去１年間にメンタルヘルス不調により連続１カ月以上休業した労働者または退職者がいた事業所の割合

事業所規模（人）	割合（%）
1,000以上	91.2
500〜999	87.2
300〜499	74.1
100〜299	55.3
50〜99	28.2
30〜49	16.0
10〜29	7.5

［注］ 1.　派遣労働者は含まれない。
2.　同じ労働者が連続１カ月以上休業した後に退職した場合、複数回連続１カ月以上休業した場合は１人として計上している。

資料出所：厚生労働省「労働安全衛生調査（実態調査）」（2023年）

ることが求められています。昨今の健康経営の一環として、健康診断の二次検査や人間ドックの費用補助等を拡充するケースも見られます。また、昨今のメンタルヘルス不調者の増加に伴って、従来のストレスチェックに加え、メンタルヘルス相談窓口の設置や定期的なカウンセリング機会の提供なども活発化しています。従来は身体的な病気やけがをケアする領域が「健康支援」の中心でしたが、「予防」に重きを置いた健康増進施策やメンタル面のケアにもその射程範囲が広がってきたともいえるでしょう。

企業側から見れば、社員が生き生きと働ける環境を整備することは、限られた人材のパフォーマンスを最大限に高めることにつながるため、今後ますます重要になるでしょう。社員側から見ても、日常的に心身の健康に気を配ることは、「人生100年時代」を生き抜く上でも、長い人生で健やかにキャリアを積んでいく上でも不可欠であるといえます。これまで「法定外福利費」の範囲としてはあまり重視されてこなかった分野ですが、「人」に関わる施策の中で今後はますますその重要性が高まっていくと考えられます。

⑤ 文化活動支援

社員のエンゲージメント向上や生活の充実をサポートする目的で、これまでも企業が投資を行ってきた領域です。しかし実態は「家庭を持つ男性社員」が「たまの休みの家族サービス」として保養所やレジャー施設を活用する際の経済的支援である場合が多くありました。しかし「人材の多様化」が進むにつれて、利用者の偏りや社員間の不公平が生じやすくなること、また、こうした“奢侈品”的なメニューは嗜好性の違いが反映されやすいことから、より重要度の高いメニューへ原資を再配分していくことが求められます。

一方で、「雇用の流動化」に伴う継続的なスキルアップ・リスキルの必要性や、「人生100年時代」における自律的・長期的なキャリア形成へのニーズから、社員一人ひとりの「自己啓発」に対する支援は拡充していく必要があります。社会が右肩上がりに成長し、公的なセーフティーネットが機能し、「終身雇用」と「会社主導のキャリア形成」が企業経営の前提にあった時代には、福利厚生制度は「余暇」や「遊び」に使うものという考え方が自然でした。しかし、少子高齢化と人口減少が進んで公的なセーフティーネットが先細り、雇用の流動化に伴う「自律的なキャリア形成」が求められる時代になるにつれて、各自が長い職業人生を見据えた自己啓発やスキルアップに取り組むニーズは高まっていきます。また、企業側にとっても、新しい技術や発想を持つ「多様な人材群」へと組織の在り方が変わる中で、一人ひとりに自律的な成長の機会を与えることが重要になります。幅広いメニューを柔軟に提供できるこの「文化活動支援」の領域では、「遊びのため」から「学びのため」の枠組みへと進化を遂げることが求められているといえるでしょう。

❻ 資産形成支援としての退職給付制度

最後に、広義には「リスクへの備え」に含まれる退職給付制度について取り上げます。退職給付制度は私たちのライフプランに与える影響が大きい重要な事項であることから、ここで個別に取り上げ、具体的に課題を確認していくことにします。

退職給付制度にも従来の考え方、例えば、長期勤続者ほど手厚い給付となっている、自己都合退職時に大幅に減額される等の特徴を持つ制度が多く残っています。

こうした退職給付制度は従来の日本型雇用の人材マネジメントにおいては有効ですが、雇用の流動化や人材の多様化が進む中では機能しづらくなります。例えば、企業の求める市場価値の高いスキルや経験を持つ人材は、転職市場からも獲得する必要があります。そうした人材が転職により入社した場合、単に勤続年数が短いことだけを理由に、新卒採用により入社した社員と比較して少ない給付額しか受け取れなかったとしたらアンフェアに感じられることでしょう。また、リテンション（優秀な人材の引き留め）の観点に目を向けると、市場価値の高い人材は一般にキャリアを自律的に構築していく意識が高く、スキルアップを求めて自社の外にも目を向ける傾向があります。企業としてはそうした人材を自社にとどめておきたいと考えるため、退職給付制度に自己都合退職による減額等のペナルティーを組み入れることは一見理にかなっているように見えます。しかし、雇用の流動性が高い社会において、そうしたペナルティーで企業にとどめておけるのは、市場価値の高い人材ではなく、自社より良い条件で転職を行うことが困難な人材であるとも考えられます。また、職務や役割の大きさではなく、長期勤続を理由に高い給付額を受け取れる設計では、社員が自律的なキャリア構築やスキルアップを行うモチベーションを失うことにつながりかねません。次ページの【Column】で触れるように、社会的なニーズの高まりや国家戦略としての取り組みにより、企業は社員の資産形成支援の役割期待を負うことになります。退職給付制度についても「会社が長期勤続の対価として与えるもの」から「属性にかかわらず、社員の自律的な資産形成を支援するもの」へと、その在り方の変革を再検討すべきであると考えます。

さらに、社員規模の小さい企業ほど企業年金制度がなく、退職給付制度が退職一時金制度のみの場合が多いことも「雇用の流動化」の観点からは改善していくべき課題といえます。退職一時金制度のみの場合、ポータビリティがない（制度の持ち運びが不可能である）ため、企業年金制度のある企業から転職して入社した社員の資産の受け皿がなく、また他社に転職する際に資産移換ができない点が問

図表2-4　退職給付制度における離転職時の年金資産の持ち運び（ポータビリティ）

○：移換可能　▲：条件を満たす場合に移換可能　×：移換不可

		離転職先で導入している制度、資産移換先の制度			
		DB	企業型 DC	中小企業退職金共済	退職一時金制度
離転職前に加入していた制度	DB	▲＊2	○	▲＊1＊3	×
	企業型 DC	▲＊2	○	▲＊3	×
	中小企業退職金共済	▲＊2＊3	▲＊3	○	×
	退職一時金制度	×	×	×	×

＊1　離転職前に加入していた DB 規約の定めによる。
＊2　離転職先で導入している DB 規約の定めによる。
＊3　合併等の場合に限る。

資料出所：厚生労働省ウェブサイト「確定拠出年金制度の概要」よりマーサー作成

題となります。一方で企業年金制度はポータビリティの仕組みがあり、特に企業型DCの場合、DB規約の定め等によらず他のDB、DCからの資産の受け入れおよび他のDCへの資産移換が可能です。したがって、社員は転職する場合も資産を持ち運ぶことができ、継続して資産形成を行うことが可能です［図表2-4］。

このように退職給付制度においても、「雇用の流動化」を見据えたポータビリティが確保された仕組みを組み込むとともに、「人材の多様化」が進む中で社員一人ひとりが自らのライフプランに合わせて自律的に資産形成できる枠組みを整備することが、今後の課題であるといえるでしょう。

Column

人生100年時代における資産形成の重要性 ―「老後2000万円問題」から見えること―

「人生100年時代」ともいわれる寿命の長期化を背景として、現役時代から老後に向けて資産形成を行う重要性は増しています。現状、多くの人々は老後生活における金銭面での準備が不足しています。

図表2-5　定年退職後の生活費についての準備状況（年代別）

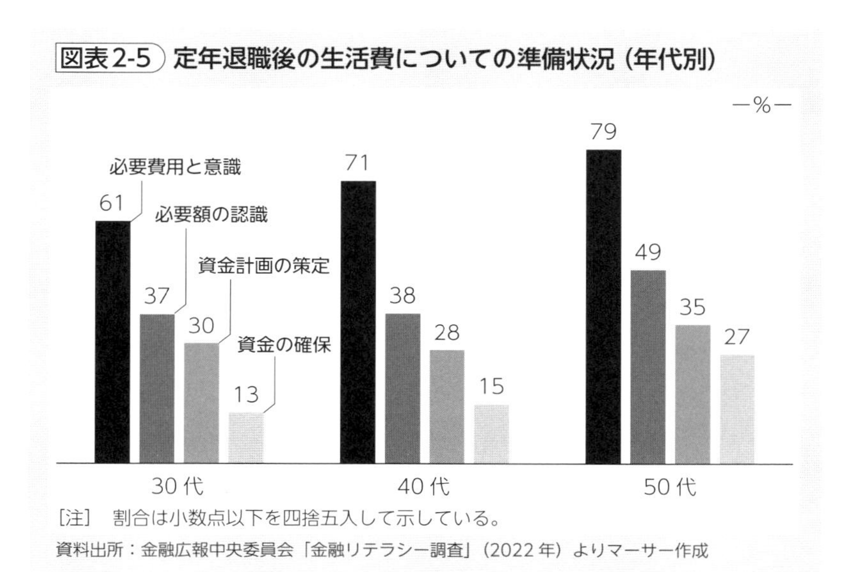

［注］　割合は小数点以下を四捨五入して示している。
資料出所：金融広報中央委員会「金融リテラシー調査」（2022年）よりマーサー作成

例えば定年退職後の生活費について、必要費用と意識している割合は30代で61％、50代で79％と高い一方で、必要額を認識している割合は大きく減少し、実際に資金計画を策定している割合は30〜40代で約30％、50代でも35％にとどまります **[図表2-5]**。また、資金の確保をできている割合は50代でも27％と、高いとはいえない状況です。

いわゆる「老後2000万円問題」と呼ばれる一連の騒動は、こうした現状と人々の抱える不安を象徴するものでした。この騒動は、金融庁の金融審議会が2019年に公表した市場ワーキング・グループ報告書が発端となります。この報告書の中で“平均的な高齢夫婦無職世帯において、老後には公的年金のほかに約2000万円の取り崩しが必要”と述べられました。報告書の一部分に過ぎないこの情報がメディアによって広く拡散されたことにより、「そのような老後資産は到底準備できない」「公的年金は崩壊した」といった批判が起こりました。しかし、この報告書の内容は特に批判されるべきものでは

図表2-6 高齢夫婦無職世帯の家計収支

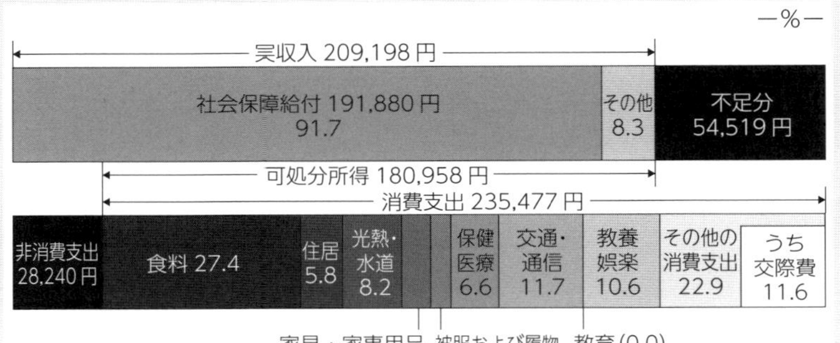

［注］ 1. 「高齢夫婦無職世帯」とは、夫65歳以上、妻60歳以上の夫婦のみの世帯である。
2. 「社会保障給付」および「その他」の割合（%）は、実収入に占める割合である（［注］2～5は［図表2-7］も同じ）。
3. 「食料」から「その他の消費支出」までの割合（%）は、消費支出に占める割合である。
4. 「消費支出」のうち、他の世帯への贈答品やサービスの支出は、「その他の消費支出」の「うち交際費」に含まれている。
5. 「不足分」とは、「実収入」と、「消費支出」および「非消費支出」の計との差額である。

資料出所：総務省統計局「家計調査年報（家計収支編）」（2017年）

なく、試算方法も従来からファイナンシャル・プランニングで使用されてきたものです。

まず老後2000万円の試算は、2017年の総務省の家計調査報告を基に行ったものです **[図表2-6]**。ここでは高齢夫婦無職世帯（夫65歳以上、妻60歳以上）の平均的な姿で見ると、収入と支出の差である不足額は約5.5万円であり、不足額が毎月発生する場合には、30年間で約2000万円の取り崩しが必要であるといった結論に至っています。

しかし、実際には収入も支出も各家庭の家族構成や現役時代の働き方、支出傾向によって異なり、老後に必要な金額も前提条件によって大きく変動します。実際に、2023年の家計調査報告を基にして同様の試算を行った場合（試算のベースを65歳以上の夫婦に変更）、不足額は月に約3.8万円であり、30年間で約1365万円となりま

図表2-7　65歳以上の夫婦のみの無職世帯の家計収支

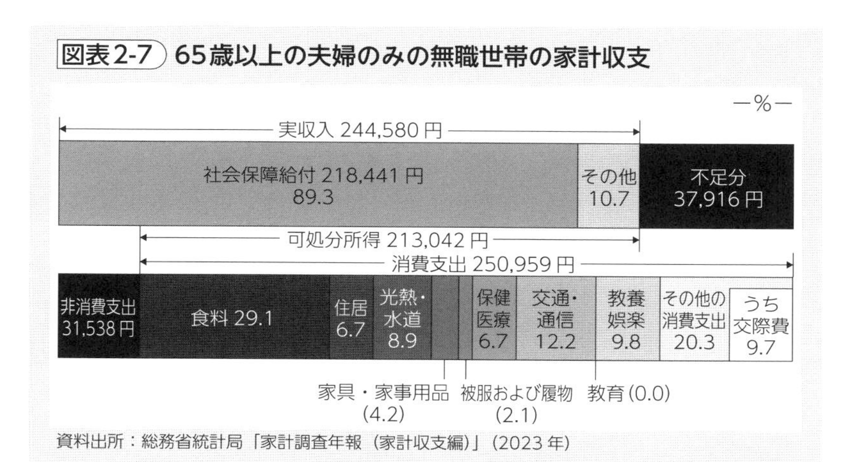

資料出所：総務省統計局「家計調査年報（家計収支編）」(2023年)

す［図表2-7］。

また、公的年金に対する誤解として、そもそも公的年金は交際費や旅行などの娯楽費用を含む老後のすべての費用をカバーする制度ではありません。公的年金には、給付水準を示す指標として現役時代の平均手取り収入のカバー率を表す「所得代替率」という指標がありますが（［図表2-8①］参照）、支出の管理は各家庭が年金を含む収入と資産を考慮しながら行うものです。その中で必要に応じて支出を減らしたり、勤労して収入を増やしたり、これまで蓄えた資産を使ったりする行動は、現役時代と同様に当然に行われるものです。また赤字が生じるのは、取り崩す資産があるからともいえます。実際に、2019年の市場ワーキング・グループ報告書では、65歳時点における夫婦世帯の金融資産の平均保有状況は2252万円であることにも触れられています。

この騒動は、人々の老後への金銭面での不安を映し出すと同時に、金融リテラシー（お金に関する知識や判断力）の不足をも浮き彫りにしました。2022年の金融リテラシー調査によれば、日本においてはこれまで学校や勤務先において金融教育を受けた人が1割未満と極めて少なく、多くの人々が老後の資金計画の策定を行っていなかったことも、拡散された情報を適切に読み解くことができなかった人が多かった要因と考えられます。

一方で、マクロ的な目線では、将来的には寿命がさらに長期化していく予測もあること、インフレにより物価の上昇が予想されること、マクロ経済スライドによる給付抑制によって、公的年金の所得代替率が徐々に低下する見込みであること等の現実があります**[図表2-8②]**。したがって市場ワーキング・グループ報告書の真に意図

図表2-8 所得代替率とモデル年金の将来見通し

①2024年度の所得代替率と算出方法

足下の所得代替率（2024 年度）　61.2%｛比例：25.0%　基礎：36.2%

所得代替率 ＝（夫婦２人の基礎年金 ＋ 夫の厚生年金）÷ 現役男子の平均手取り収入額
2024 年度：61.2%　　13.4 万円　　9.2 万円　　37.0 万円

［注］ 所得代替率に用いる年金額は、平成16年改正法附則第 2 条の規定に基づき前年度までの実質賃金上昇率をすべて反映したもの。

②所得代替率およびモデル年金（月額）の将来見通し

成長型経済移行・継続ケース（実質賃金上昇率〔対物価〕1.5%）

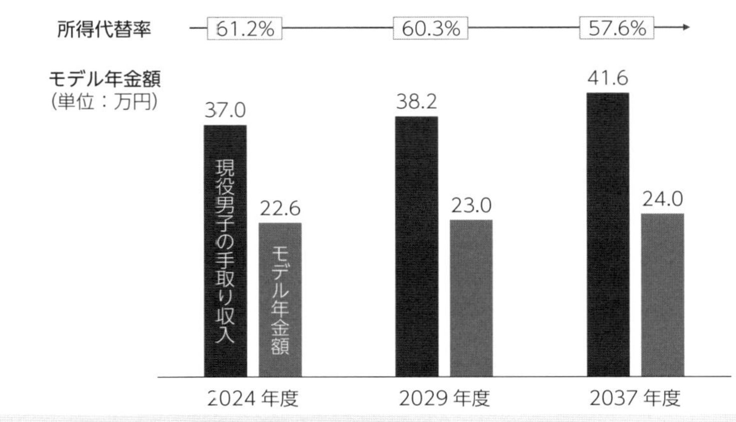

資料出所：厚生労働省「財政検証結果の概要」（2024 年）

するところでもあったとおり、現役時代から長期的な目線で老後の資産形成を行うことの重要性はますます高まってきています。

断片的な情報に惑わされず、着実に資産形成を進めるには、金融リテラシーを生活スキルとして身に付けることが重要となります。すなわち、一人ひとりが家計管理やライフプランニングに関する知識を習得して、自身の状況に合わせて必要な老後資金を認識し、長期的な視点で資産形成を実践することで、老後に正しく備えるとともに老後への安心感を得ることにつながるのではないでしょうか。

また、老後の資産形成においては、個人の努力のみに期待するのではなく、企業において資産形成支援を行うことが非常に有効です。章末の**【Column：資産所得倍増プランと企業に期待される“社員の資産形成支援”の役割】**で後述するように、国家戦略である「資産所得倍増プラン」においても社員の資産形成における企業の役割期待について述べられています。

「これから」の福利厚生制度のあるべき方向性

前パートで見てきた課題は、社会構造の大きな変化と人材マネジメントの潮流に、日本の福利厚生制度がまだ追い付いていないことを表しています。「雇用の流動化」が進む中では、新卒一括採用と終身雇用を前提とした「勤続年数が長い社員」への手厚い資源配分は早期に是正することが求められます。社会構造や人々の価値観の変化に伴い「人材の多様化」が進む中で、「会社命令にフルコミットできる社員」や「男性総合職・専業主婦世帯」を想定したサポートの枠組みにもメスを入れる必要があります。そして、少子高齢化により公的社会保障制度が先細りする中で、企業の福利厚生制度におけるセーフティーネット機能の強化が求められています。

これらの課題に対応しつつ、限られた原資で多様な社員のニーズを満たしていくためには、制度の影響度や重要度に応じて投下コストを最適配分することが肝要です。その第一歩として、「誰にとってもなくてはならない普遍的なニーズ（Must-have）」に関わる制度と、「人によって価値が異なる奢侈品的なニーズ（Nice-to-have）」に関わる制度に分類してみましょう。

❶ 現在の福利厚生制度の全体像

[図表2-9] は、現在の福利厚生制度の全体像がどのようになっているかのイメージです。

これまでも取り上げてきた各種の福利厚生の種類について、左から右に「Must-have」→「Nice-to-have」の順に並べています。さら

図表2-9 現在の日本の福利厚生制度のイメージ

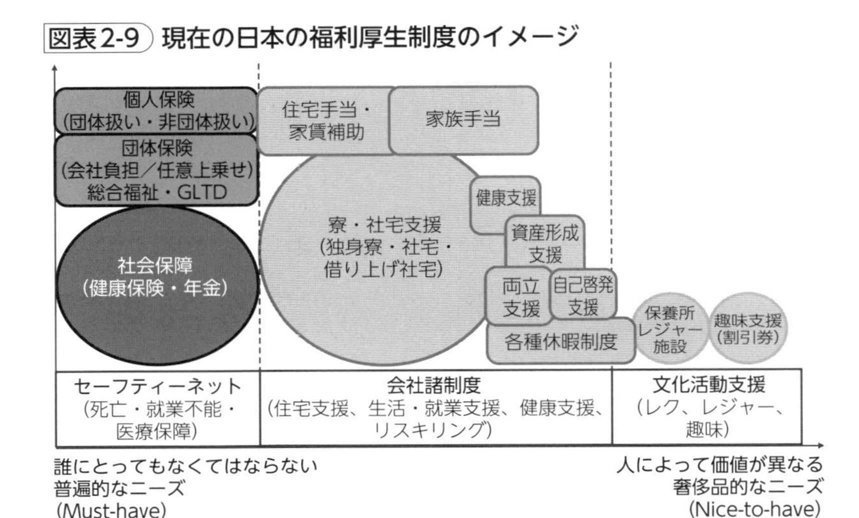

に、これらの福利厚生諸制度を提供主体ごとに、三つに分けることができます。左から、健康保険組合や保険会社、共済会が提供主体となる社員のいざというとき（死亡・就業不能・医療）の備えであるセーフティーネットが、そしてその次に、会社が提供主体となる社員の生活基盤を支えるような諸制度として、住宅支援や生活・就業支援、健康支援などが並びます。最後に、福利厚生ベンダーなどが主な提供主体となっている保養所やレジャー施設等の割引利用といった文化活動支援がカテゴライズされます。

セーフティーネットの部分でいえば、日本では社会保障制度が国主体で運営されており、それに付加する形で、会社が保険会社と通じて、または共済会が主体となり、追加の保障を提供しています。次に会社諸制度としては、これまで触れてきたように「住宅支援」が大きなウエートを占め、それ以外の福利厚生は補完的に提供されています。最後に、文化活動支援等のいわゆる「Nice-to-have」型の制度は福利厚生ベンダー等が主として提供しており、「カフェテリアプラン」という形で社員が付与されるポイントに応じて選択できる形式で提供されることも多くあります。もちろん企業による違いはありますが、一般的な日本の企業における現時点の福利厚生制度はこのようなものと考えられます。

しかし今後は、少子高齢化に伴う労働力人口の減少と受益者となる高齢者の増加により、国が主体となる社会保障は弱体化していくため、「Must-have」であるセーフティーネットについて、海外と同様に企業が積極的に関与を深めていくことが求められます。その上で、社員の属性やライフスタイルが多様化していく中では、さまざまな種類のニーズに対して効率的に対応できる仕組みを整備していく必要があります。特に、「Nice-to-have」の領域になるほど個人ごとのニーズや嗜好性が異なるため、一律的なメニューの設定や提供は不合理なコストや利用者の偏りを生む可能性が高くなります。こうした中で注目されているのが「フレックス・ベネフィット」という考え方です。

❷ これからの福利厚生制度 —「フレックス・ベネフィット」という考え方—

フレックス・ベネフィットとは、企業のコスト負担で社員全員に提供する「すべての社員になくてはならない制度（Must-have）」と、企業と社員が費用分担しながら任意加入で運営する「人によって価値が異なる／あったらうれしい制度（Nice-to-have）」の二つで構成される福利厚生制度を指します。すべての社員に必要なセーフティーネットは属性によらず公平に提供した上で、それ以外の住宅支援や健康支援、両立支援等の会社諸制度や文化活動支援は各自がニーズに合わせて必要なものを選択する、という構造です。欧米やシンガポールなどでは、企業が提供する部分と社員が選択できる部分を合わせた上記のような制度の普及が加速しています。

これからの日本の福利厚生制度においても、公的な社会保障が弱まる中では、「すべての社員に必要となるセーフティーネット」は、属性によらず公平に提供することがこれまで以上に求められていくでしょう。さらに、「人材の多様化」が進む中では会社諸制度や文化活動支援の領域は社員によってニーズが多様であり、一定の原資の中で個人ごとに選択や追加ができる仕組みの重要性が高まっていくと思われます。

フレックス・ベネフィットに通底するコンセプトは、これまで提供主体が分断されていた「セーフティーネット」「会社諸制度」「文化活動支援」を、「社員が自らのニーズに合わせて横断的に選択可能とする」というもので、一般にカフェテリアプランと呼ばれる施策を大きく進化させたものです。カフェテリアプランは、社員一人ひ

図表2-10　日本版フレックス・ベネフィット（あるべき福利厚生制度）のイメージ

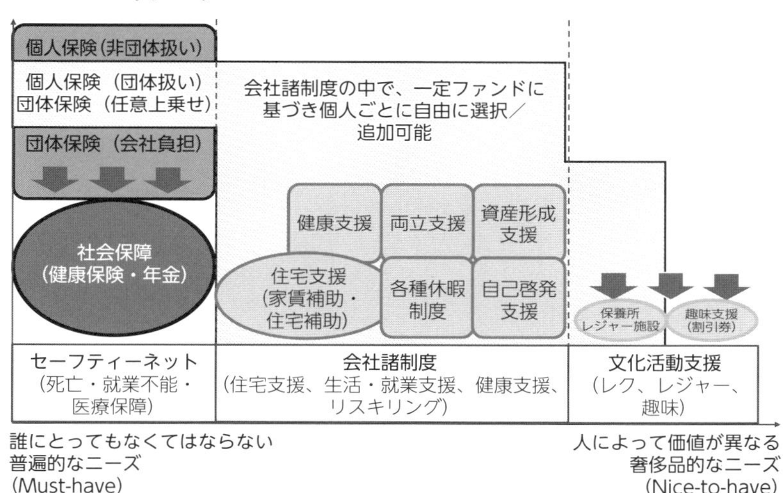

とりが選択できる柔軟性がある点では同じですが、両立支援や文化活動支援についての原資配分を高めることに重きが置かれます。一方、フレックス・ベネフィットはそれにとどまらず、[図表2-10]のように、「住宅支援」にかけてきた原資をセーフティーネットや健康支援、両立支援、資産形成等、あらゆるメニューに大幅に再配分した上で、各自が必要とする支援を選択できるようにした仕組みです。

また、フレックス・ベネフィットでは、「会社が社員に取ってほしい行動」へと社員を誘導するためのインセンティブを設計することもできます。例えば、「セーフティーネット支援」を選ぶと数パーセントのポイントを会社が上乗せしてくれるというような、特定の制度利用を促進する設計などが考えられます。雇用の流動化が進み、ニーズが高い人材ほど他社との報酬面での競争が激しくなる中、福利厚生制度は他社との重要な差別化要因としても活用することが可能です。特色のあるメッセージを打ち出すことでそれに共感する人材の獲得や定着を促す、会社として大切にしたい価値観や行動に誘引するためのインセンティブ設計を通じて社員の意識・行動変容を後押しする等、福利厚生制度が果たせる役割は今後、多方面に広がっていくことが考えられます。

1 セーフティーネット

人口減少や少子高齢化により、社会保障の財政が悪化しています。そのため、国が主体となって提供する医療保障や死亡・就業不能時のサポートなどの「セーフティーネット」については、今後、提供水準が低下したり、所得制限によって対象が限定されたりすることが予測されます。一方で、こうしたセーフティーネットは社員にとってなくてはならないものなので、保険会社を通じて企業が提供する範囲は大きくなっていくでしょう。また、福利厚生制度を通じて企業がセーフティーネットを担うとコストは上昇するため、一定の枠組みを設けて社員が必要な補償／保障を選び取る形に移行していくことも考えられます。例えば、子どもの有無や配偶者の所得状況によって、死亡時の遺族保障の必要性は変わります。もし子どもがおらず、配偶者に一定の所得があるのであれば、必要な支援は遺族保障ではなく、就業不能時の所得補塡や突発的な医療費への対応となるでしょう。そうした個人ごとに異なるニーズに対して、社員自身で選び取る幅を用意することで、これまで国が主体となって提供してきたセーフティーネットの部分を企業が担っていくという流れになることも予測されます。

「病気やけが」で働けなくなるリスクに対しては、これまでの「雇用保障」と「休職」に基づくサポートよりも、「保険」の機能を活用することが合理的になりつつあります。所得補償保険等の枠組みを通じて、社員側は「企業への所属」にとらわれずにリスクに対する備えをポータブルに保有でき、企業側も「長期にわたり社員を所属させ続ける」ことのコストとリスクを軽減できます。同様に、「老後」に対するセーフティーネットである退職給付においても、考え方そのものの転換が必要です。「永続的な成長」や「終身雇用」を前提とした従来の確定給付の仕組みは、企業にとっては事業環境や組織構造の変化に関わりなく将来に向けた大きな「債務」を負うことになり、コストとリスクを同時に抱え込むことを意味します。社員にとっても、「雇用の流動化」と「人材の多様化」という観点に立つと、「転職」や「育児・介護による休業」を経験することで勤続年数が短くなるほど給付額が減少しやすくなります。現在増加傾向にある確定拠出年金の仕組みは、企業にとっては「債務」という形での将来に対するコストとリスクを低減できるという点で、社員にとっては「勤続年数に対して中立的」であり、「転職時もポータブルに移換できる」という点で、これからのセーフティーネットの在り方として合理的であると考えられます。

退職給付制度も、「雇用の流動化」や「人材の多様化」を前提とした改革が求められています。まずは「長期勤続」のみを理由とした優遇を極力減らすこと、その上で属性にかかわらず社員一人ひとりの自律的な資産形成に資する枠組みを構築すること、そしてポータビリティが高く、転職する場合にも資産形成を継続できることが重要です。企業と個人が選び選ばれる関係となり、長期勤続者と中途入社者が有機的に協働することが求められる組織においては、バックグラウンドや属性によらず公平かつ自律的に資産形成ができる環境が必要です。

また、かつての右肩上がりの成長と継続的な労働力人口の供給を前提とした社会では、国や企業による手厚い年金制度に身を委ねることが最適解でした。しかし、不確定な事業環境と労働力人口の減少が見込まれる社会の変化に際して、一人ひとりが自身の状況に合わせて長期的な視点で資産形成を実践できることが不可欠になりつつあります。企業としても、一人ひとりのファイナンシャル・ウェルネス（経済面での幸福度・豊かさ）を高めることが、社員の満足度や定着度の向上につながります。これらの要請を満たす制度的枠組みとして「企業型DC」制度の導入が増加しており、今後の福利厚生制度改革の一環として位置づけられるべきといえるでしょう。

2　会社諸制度

「会社諸制度」については、最優先事項として住宅偏重の見直しが考えられます。寮や社宅等の住宅支援は、持ち家の状態で中途入社した社員や、そもそも実家暮らしとなる新入社員にとっては受益度が高いとはいえません。共働きの増加や、会社と個人との関係の変化、テクノロジーの進化やコロナ禍を契機としたリモートワークの普及に伴い、「会社都合の転勤」は今後減少していくことが見込まれます。雇用の流動化により「新卒入社」「定年退職」以外の人の出入りが増えるとともに、社員一人ひとりによってさまざまな家族構成や暮らし方がある中では、特定のライフステージを想定した住宅支援の在り方を見直していくことが求められています（それでも、「転勤」それ自体はビジネス上の必要に応じて残り続け、なくなることはないでしょう。そして、その際に生じる費用へのサポートは不可欠であり、「実費補填」としての住宅補助は引き続き必要になります）。

社員層の多様化がより一層進む中で、住宅支援は会社が一律で提供するのではなく、多様なメニューの一部として提供することが望ましいでしょう。このように住宅支援の偏重を解消できた場合、余剰コストで健康支援、両立支援、資産形成支援、休暇制度、保険の上乗せなどを本人の意向やニーズに応じて選べる形で提供することができれば、さまざまな世帯、価値観、ライフコースをたどる社員に対して、効率的に満足度を向上させることができます。

雇用の流動化が進んで「転職」や「中途入社」が当たり前になり、人材の多様化によりさまざまな家族構成や価値観、ライフスタイルを持つ社員が増えていく中では、社員一人ひとりのニーズにきめ細かく対応したメニューを幅広く展開することが必要です。共働きで子どもがいる世帯では育児と仕事の両立支援へのニーズが、若い独身社員にとっては仕事で一人前になるための自己啓発支援が、育児も介護も卒業したシニア社員にとっては老後に向けた資産形成や健康維持が主要な関心事になるでしょう。従来の福利厚生制度のように、企業側が「総合職・世帯主・専業主婦世帯」の男性社員へのサポートになるメニューを一方的に提供する時代から、社員一人ひとりが自身に必要な支援内容を選択できる環境を整備し、金銭・非金銭の形を問わずにメニューを準備し、企業として多様なニーズへのサポートを提供する時代へと変わる必要があるのです。

❸　文化活動支援

今後、「文化活動支援」のような「Nice-to-have」型制度の重要性は、福利厚生制度全体の中では相対的に低くなっていく可能性があります。これまで見てきたように、今後は「セーフティーネット」を公平に提供していくことの重要性が高まり、企業として必要な人材を確保していくためには「育児や介護との両立」「健康増進」「自己啓発支援」等の施策への配分を強化することが求められます。社員がレジャー施設等を安価で活用できることのメリットは引き続き残るでしょうが、企業として「法定外福利費」の配分最適化を考える上では見直しの対象となることも考えられます。

企業があえて現金給与ではなく福利厚生として社員に報酬を提供する理由は、「企業が目的を持って社員やその家族に特定の価値提供を行うことができる」「社員にとって現金給与以上に経済的便益がある」という点にあります。一方で、現在のカフェテリアプランの主流メニューである奢侈品的な種目については、福利厚生ベンダーを通じたバーゲニングパワーによる割引はあるものの、税制上のメリットや、あえて企業が特定の価値提供を行う理由は限定的です。これらの項目を手厚く提供する場合には、それを支える会社としての理念や価値観が必要になるでしょう。例えばエンターテインメントを生業(なりわい)とする企業が、レジャー施設の割引利用のメニューの提供を通じて、競合他社を含む世間の動向やトレンドを社員に肌で感じさせ、仕事における発想を広げてもらう機会として位置づけるなども一つの考え方です。重要なことは、企業としての社会へのメッセージや社員の意識・行動変容へとつなげる"架け橋"として、福利厚生制度をいかに活用するかにあります。

❸ 自社の価値観やメッセージを発信するツールとしての福利厚生制度

福利厚生制度の柔軟性を高めていく上で重要なことは、なぜ現金給与ではなくあえて福利厚生として提供しているのかという原義に立ち返ることです。というのも、報酬パッケージという観点で見れば、最も柔軟性が高い報酬提供の方式は「現金」だからです。企業が目的を持って特定の価値を提供するという本質的な考え方を踏まえ、「企業の目的」である会社のパーパスや経営戦略、人事戦略と合致した福利厚生制度であるかという点を再点検することが求められています。

例えば、「健康経営」を掲げ、福利厚生制度のメニューに取り入れる企業が増えています。この背景には、定年延長や再雇用期間の拡大によるシニア人材の増加により、社員の心身の健康を維持することが企業のパフォーマンスに好影響を与えるという実利的な意味合いもあります。しかしそれ以上に重要なことは、「社員の心身の健康を大切にしている会社である」という企業としてのメッセージを伝えることができる点です。そのほかにも、雇用の流動化や健康寿命の延び、少子高齢化に伴う年金受給開始年齢の引き上げによって、今後極めて長い期間働き続ける上でのキャリア形成に不安を持つ社員は多くいます。そのような社員に対して、一人ひとりのキャリア形成や自己研さんのための機会と費用を福利厚生の枠組みを通じて手厚く支援することは、企業にも社員にもプラスの意味合いを持つことでしょう。また、育児や介護により一時的にキャリアをスローダウンさせることに焦りを感じる社員もいます。基本給や賞与は「仕事に対する対価」であり、休職中または時短勤務中の社員を直接的・金銭的にサポートすることは難しいですが、福利厚生の枠組みを用いれば、本人の希望や意欲に応じた支援が一定程度可能になります。

「雇用の流動化」に伴い、今後は労働市場において優れた人材や稀有な人材ほど「報酬競争」になっていきます。しかし、給与や労働条件における競争においては「金額の多寡」だけが差別化要因であり、体力のある企業でない限り、そこで勝ち続けることには物理的な限界があります。しかし、福利厚生制度を用いれば、金銭報酬だけでは差別化できない「価値観」や「働き方・生き方」の領域を競争力としてアピールすることができます。自社の価値観に賛同してくれる人材を惹きつけるために、「わが社ではこのような価値観に基づき、こうした福利厚生メニューを提供しています」と伝えることにより、大規模なコストをかけずに自社のアイデンティティーを表明することができるのです。第３章では、さまざまな切り口で福利厚生の考え方や事例を紹介していますので、ぜひ自社の理念や価値観に照らして参考にできるものを見つけてみてください。

「他社との差別化」と「長期的な帰属意識」を支える福利厚生制度を目指して

本章の最後に、企業経営や人材マネジメントにおいて福利厚生制度をどのように位置づけ、活用していくべきかをまとめていきます。

高度成長期以降、日本の企業は「終身雇用」という形で家族を含めた「社員の生活を支える責任」を負い、その代わりに社員は、家族や生活を含めて「会社という共同体に尽くす」ことが求められてきました。従来の福利厚生制度は、そのような企業と社員の関係性に基づいて設計されています。しかしここまで見てきたように、「雇用の流動化」「人材の多様化」「公的なセーフティーネットの弱体化」という大きな潮流の中で、福利厚生制度に求められる役割も大きく変化しています。優秀な人材ほど新たな機会やより良い環境を求めて「流動化」しやすくなり、社員の属性やバックグラウンドは「多様化」しています。企業が発信する理念や労働条件に対する捉え方も一様ではありません。このような環境下で人材を引き留めておくために、企業はあらゆる手段やチャネルを用いて自社で働く魅力を訴求することが求められ始めています。その重要なピースの一つが、自由度の高い設計ができる福利厚生制度なのです。

マーサーでは、企業が社員に対して訴求する価値を**［図表2-11］**のとおり３段階で整理しています。社員がその企業で働き続けたいと思うかどうかの尺度としては、報酬や福利厚生等の「契約面の価値」が最も目に見えやすいものです。近年ではそれに加えて、充実したキャリアを積めるか、生活の質が高まるか等の「経験面の価値」、さらにはその企業の理念や事業がもたらす社会への価値に共感できるかといった「感情面の価値」も重視されるようになりまし

図表2-11　企業が社員に対して訴求する価値

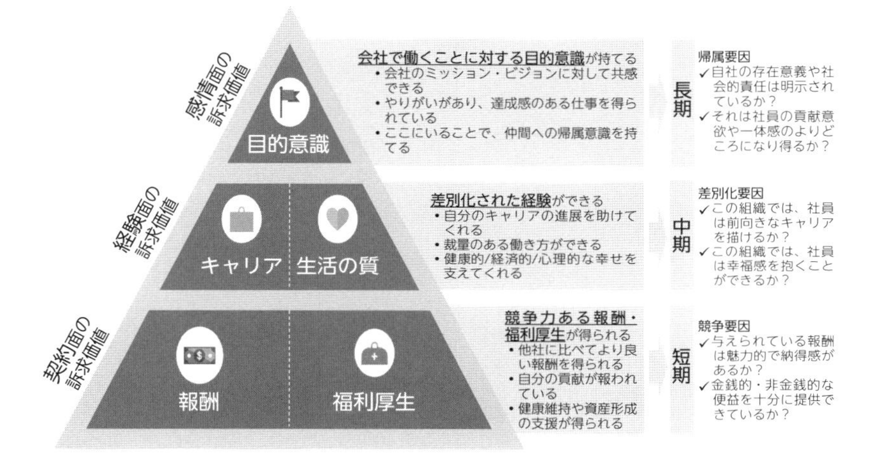

た。「契約面の価値」は目に見えやすい一方で他社との優劣が数字の単純比較で分かりやすい「競争要因」です。働く上では最も重要な土台となる項目である一方、「衛生要因」（給与や福利厚生が低いと不満が生じるが、高い状態が長く続くとそれが当たり前になり満足が持続しない）としての性格が強く、その効果は「短期的」であるともいえます。これに比べて「経験面の価値」、すなわち「この会社なら他社ではできない経験が積めて成長できる」「仕事も生活も両方を充実させられる環境が整っている」と感じてもらうことができれば、それは他社との重要な「差別化要因」となり、より長く社員の心を捉え続けることにつながります。さらに「感情面の価値」、すなわち「この会社が大切にしている価値観や社会的意義に共感している」という社員は、長期的な帰属意識と自社への貢献意欲を有しているといえます。

本書のテーマである福利厚生制度は、基本的には「契約面の価値」に当たりますが、ここまで見てきたとおり、柔軟かつ幅広い手段を通じて社員にとっての価値を提供できる枠組みです。住宅やレジャー支援などの金銭的報酬に近いものにとどまらず、「経験面の価値」(より良いキャリア形成や生活の質の向上)、さらには「感情面の価値」(会社のミッションやビジョンへの共感) を体現する手段としても活用できる可能性を秘めています。例えば、第3章で紹介する株式会社メルカリの事例では、「新たな価値を生みだす世界的なマーケットプレイスを創る」というミッションに向かい事業のグローバル化と外国籍人材採用の強化が進む中で、多様な言語のバックグラウンドを持ったメンバー同士の歩み寄りを後押しする言語学習プログラムを推進しています。会社として目指している事業の方向性や大切にしている価値観を「言葉」として掲げるだけではなく、福利厚生制度にも組み込むことで、社員へのミッションの浸透や会社が求める行動の具現化を促すことにもつながります。また、福利厚生制度を自社の理念や事業、社員が持つ価値観やバックグラウンドにフィットした制度としてデザインすることができれば、「経験面の価値」として他社との差別化要因となり、「感情面の価値」として長期的な帰属意識の醸成につながるといえます。福利厚生制度を単なる「第二の給与」「仕事に対する対価」としてではなく、自社の強みや理念を社員や社会に対して発信するツールとして位置づけることは、流動性と多様性が高まる社会で自社に必要な人材を惹きつける上で、これから極めて重要な意味を持つと考えられます。

もちろん今後も転勤者への住宅支援や傷病者に対する休職時のサポート等の共済的な機能は必要であり続けるでしょう。そうした伝統的な役割も一定程度維持した上で、いかに社員間の公平性を保ちながら、一人ひとりのニーズに合わせたキャリア形成や生活設計を支える機能を持つ枠組みとして再設計できるかが、福利厚生制度の改革の鍵を握ります。自社における企業理念・価値観や事業特性と、社員一人ひとりの仕事・生活上の多様なニーズを把握した上で、福利厚生制度において「投資」すべき分野を見極め、最適な「資源配分」を実現することが重要です。次章以降では、その制度設計のステップと、各分野における考え方や企業事例について掘り下げて紹介していきます。自社の福利厚生制度改革を考えている人は、ご自身の関心がある項目から読み進めてみてください。

なお、報酬制度に比べて福利厚生制度の改革がさほど進んでいない背景には、住宅や医療、年金等が関連する領域や専門性が格段に広く、また関係するステークホルダーも多様であることが考えられます。そのため、すべての制度を大掛かりにつくり変えることは現実的に難しい場合があります。次章では、目的別に八つのテーマを設定し、設計の考え方や企業事例を見ていきます。自社にとって最適な福利厚生制度を構築する上でのヒントをつかんでいただけると幸いです。

Column

資産所得倍増プランと企業に期待される“社員の資産形成支援”の役割

日本の金融資産は依然として過半数がリターンの少ない現預金で保有されており、投資家数も約2000万人にとどまっていました。このような現状を受けて、2022年11月、新しい資本主義実現会議にて「資産所得倍増プラン」が決定されました。このプランは、“中間層の投資を増やし、安定的な資産形成を実現すること”を目指した国家戦略であり、７本柱の取り組みから成り立っています **[図表2-12]**。

そのうち制度面の取り組みとしては、「家計金融資産を貯蓄から投資にシフトさせるNISAの抜本的拡充や恒久化」と「加入可能年齢の引き上げなどiDeCo制度の改革」が挙げられています。特に2024年1月から開始した新NISA制度は、非課税保有期間が無期限であり、非課税保有限度額が計1800万円かつ非課税枠の再利用が可能という

図表2-12 資産所得倍増プランの概要

資産所得倍増プランの目標

投資しやすい環境を整備し、**中間層を中心とする層の安定的な資産形成**を実現する
・NISA 総口座数　：5年間で現在の1700万から3400万へと倍増
・NISA 買い付け額：5年間で現在の28兆円から56兆円へと倍増

7本柱の取り組み

1. **家計金融資産を貯蓄から投資にシフトさせるNISAの抜本的拡充や恒久化**
2. **加入可能年齢の引き上げなどiDeCo制度の改革**
3. 消費者に対して中立的で信頼できるアドバイスの提供を促すための仕組みの創設
4. **雇用者に対する資産形成の強化**
5. **安定的な資産形成の重要性を浸透させていくための金融経済教育の充実**
6. 世界に開かれた国際金融センターの実現
7. 顧客本位の業務運営の確保

資料出所：内閣官房「資産所得倍増プラン」(2022年) よりマーサー作成（[図表2-13] も同じ）

特徴を持ち、中間層が生涯にわたって資産形成できる制度となっています。

また企業への役割期待として、「雇用者に対する資産形成の強化」「安定的な資産形成の重要性を浸透させていくための金融経済教育の充実」が挙げられています。具体的には、職域における中立的な認定アドバイザーの活用推進、中小企業における職場つみたてNISAや企業型DC、iDeCoの普及、社員への継続教育の充実等です **[図表2-13]**。さらにこうした雇用者の資産形成を支援する取り組みは積極的に情報開示するように企業に促していく方針です。また、これらの取り組みは2024年設立の金融経済教育推進機構が支援する計画であり、官民一体となって職域における資産形成支援を行っていくことが想定されています。

新NISA制度の大幅な拡充により、2024年に入ってからのNISA口座開設数や買い付け額が前年同期比で大幅に増加する等、個人の投資への関心は着実に高まっています。また、企業を通じて社員の心身の健康面にとどまらずファイナンシャル・ウェルネス（経済面での幸福度・豊かさ）を高める取り組みは、米国をはじめ世界的にも

図表2-13　企業による資産形成支援

2024年設立の金融経済教育推進機構が以下の取り組みを支援する

資産所得倍増プラン	■企業による資産形成の支援と金融経済教育の充実 ・職域における中立的な認定アドバイザーの活用推進 ・中小企業における職場つみたてNISAや企業型確定拠出年金（企業型DC）、iDeCoの普及 ・社員への継続教育の充実 ・雇用者の資産形成を支援する取り組みの情報開示を促進

広まりつつあります。企業にとっては、社員のファイナンシャル・ウェルネスを高めることにより、社員の満足度や定着率の向上、金銭的ストレスの軽減といった効果があるとされており、従業員エンゲージメントの向上、ひいては企業価値向上に資するとされています。さらに、金融経済教育等の提供を通じて社員の自律的な資産形成を支援することは、自律型の社員を増やす取り組みでもあり、人的資本への投資として意義があるといえます。

以上を踏まえると、福利厚生制度を充実させるという観点からは、“企業が提供する枠組みの中で、社員が投資についての考え方を学び、実際に投資を行う機会が得られる”企業型DC制度の活用が、目指すべき方向性であるといえるでしょう。

第3章

福利厚生制度改革
：実践編

1 設計・見直しの進め方

本パートでは福利厚生制度の新設・改定をリードする実務担当者向けに、検討の一般的なステップを紹介します。

自社が求める人材を効果的に惹(ひ)きつける制度設計を限られた予算の中で実現するためには、まず「自社が福利厚生を通じて実現したいことは何か」を明らかにすることが重要です。「将来の不安を軽減して、社員が安心して長く働き続けられるようサポートしたい」「さまざまなバックグラウンドやライフスタイルを持つ社員一人ひとりが、自分のニーズに合ったサービスを利用して仕事・生活の双方を充実させてほしい」など、社員に何を提供したいのかを定義することから始めましょう。

福利厚生制度の検討に当たっては、例えば現行の住宅関連の手当に対する不公平感や、レジャー施設の利用者の偏り、少子高齢化を背景とする資産形成への不安など、テーマも性質も異なるさまざまな課題が浮上します。第1章・第2章で述べたとおり、社員一人ひとりのライフスタイルや価値観は多様化しており、一つ一つのメニューにおける問題点やニーズにすべて対応しようとすると、全体としての予算が膨らみやすくなりますし、新たな不公平が発生してしまうおそれもあります。まずは大きな方向性を定めた上で、現行制度における社員構成の変化やコスト配分の偏りなどの課題を特定し、個別施策・メニューの検討に入っていきましょう。

❶ ステップ１：福利厚生戦略（改定方針）の策定

まず、福利厚生制度全体を貫く基本的なポリシーを定めます。自社の人材マネジメントにおいて福利厚生によって実現したいことは何かを明らかにすることで、後続の個別施策の設計フェーズでも、都度立ち返るときの指針として活用できます。分かりやすさの観点から、３～５点程度のフレーズで簡潔にまとめることが望ましいでしょう。具体例としては、「長く働き続けるための安心感を醸成する制度」「さまざまなバックグラウンドを持つ社員に対して公平・中立的な制度」「社員一人ひとりの成長を支援する制度」などが考えられます。

まずは、「給与」と「福利厚生」の役割分担を整理してみましょう。例えば、業務上の貢献は通常の金銭報酬で報いる一方、必ずしも組織貢献に直結しないものの、会社として支援したいスキルアップや健康維持に関する行動について福利厚生で手当てする、などのように整理します。新制度で実現したいことと現行制度のギャップから解決すべき優先課題を特定し、ポリシーに含める場合もあります。具体例としては、「今後、ニーズの減少が予測される転勤時を中心とした住宅関連支援の比重を抑制し、自律的なキャリア形成を支援する自己研さん・リスキルの支援に資源の再配分を行う」といったポリシーが想定されます。

また、「社会保険（公的年金や健康保険）」と「自社の福利厚生制度」の役割分担を考えてみることも有用です。第１章・第２章でも紹介したとおり、日本の福利厚生制度は海外に比べて社会保障制度による「公的なセーフティーネット」が手厚いことを前提として発展してきました。しかし、少子高齢化が進みその手厚さに陰りが見える中で、「法定外福利」として企業が独自に提供する福利厚生制度の役割が高まっています。将来に向けた「公的なセーフティーネット」に対する社員の不安を、自社の福利厚生制度を通じてどこまで、どの程度カバーしていくのかを検討することも、大きな方向性を定める上で役に立つことでしょう。

大前提となる改定の方向性を言語化・明確化することは、次のステップである現状の課題分析や詳細な制度設計で議論が拡散することを防ぎ、非合理的な意思決定を回避することに役立ちます。福利厚生に限らず、抜本的な制度改定を実現する際には、個人レベルでの不利益改定は許容せざるを得ないケースが多々あります。また予算が限られる中では、総花的に全メニューに資源を薄く配分するより、一部メニューに原資を重点配分してメッセージ性を高める戦略も有効です。テーマや関係者が多岐にわたるからこそ、「現状追認」や「個別最適」の思考に陥らず、目的に立ち戻って、経営の意思決定を促すことが重要です。

❷ ステップ2：現行制度の課題の確認

次に、現行の福利厚生制度の実態と課題を分析しましょう。具体的には、他社がどのような福利厚生施策にどの程度のコストをかけているのか、経団連調査の平均結果などに基づいて他社と比較し、自社の支給水準の競争力の程度や目的別の原資配分の特徴を明らかにします。例えば、「学びの支援に関する支給水準が低く、他社に見劣りしている」「住宅関係への資源配分が過剰である」といった現状が明らかになった場合は、新制度においてこれを解消することを優先的なテーマとして設定することになります。

また、現行の福利厚生制度を利用している社員の属性・使用額・頻度を明らかにすることも重要です。これにより、特定の属性に偏った不公平な支給実態となっていないか、福利厚生制度によって価値を訴求したい対象層にアプローチできているのかを検証できます。

さらに、利用実態の背景にある課題の詳細や、現行制度でカバーできていない社員の潜在的なニーズを把握するため、サーベイやインタビュー調査を実施することも有効です。例えば、経営として社員のリカレント教育（長期間・広範囲の反復学習）・リスキリング（ビジネスに求められる新しいスキルや技術の習得）を支援したいと考えている一方、自己啓発関係の福利厚生の利用率が低いという実態が明らかになった場合に、その背景にある要因がメニューの内容なのか、プラットフォームへのアクセスのしにくさなのか、多忙による時間の不足なのかによって、打ち手は異なってきます。こうした課題仮説を検証し、新制度の改定方針に説得力を持たせる上では、サーベイやインタビューの裏づけが役立ちます。

これらの分析の結果、多くの企業で浮上する典型的課題として、第１章・第２章で見てきたように、特定の属性やライフコースに対して手厚い福利厚生の支給が行われており、社員間の不公平感を生んでいるというケースが多く見られます。先述のとおり、これまでの日系企業の福利厚生制度は、新卒入社・長期勤続で「転勤あり」コースに属し、複数の子どもを持つ世帯主に対して手厚い支給となっているケースが多くあります。労働市場の流動化や人材の多様化によって、これに該当しない社員が増加する中、福利厚生制度についてもアップデートが迫られているといえるでしょう。

なお、実際の検討過程では、「ステップ１：福利厚生戦略（改定方針）の策定」と「ステップ２：現行制度の課題の確認」を行ったり来たりするケースもあります。あるべき福利厚生制度を議論して改定方針を定めたものの、現行制度の状況を顧みたときに、より重要な課題が見つかったり、現実的に改定が困難であることが明確になったりする場合です。その際には、ステップ２から改めてステップ１へと戻って改定方針を議論し直した上で、次のステップ３へと進んでいきましょう。

❸ ステップ3：個別施策の詳細設計

福利厚生制度の大きな方向性と現行制度において見直すべきポイントが定まったら、改定方針に沿って各施策の原資配分を決定します。転勤時の住宅補助のように、業務遂行に伴い発生する経費の「実費補塡（ほてん）」に当たる手当は、現行と同水準の原資を確保するケースが多くなります。その上で、残りの原資の中で優先的に提供したい領域から配分額を決めていきます。一般的には最も大きなポーションを占めるのは住宅関連の原資ですが、転勤の減少が想定される場合や、第２章で触れたようにセーフティーネットの強化やフレックス・ベネフィットの導入が望ましい場合、自社として特に社員を動機づけたいテーマ（例：自己研さん、健康増進）がある場合には、原資の再配分を検討することが望ましいでしょう。具体的なメニューの選択を一定の原資の範囲内で各社員のニーズに委ねるなどの設計も考えられます。

各施策に割り振る原資の配分が定まったら、ステップ１で定めた改定方針に基づきながら、予算の範囲内でベンダー選定、支給対象・条件・水準等の設計を進めていきます。

❹ ステップ4：新制度の導入とモニタリング

個別施策の詳細設計が固まってきたら、移行に向けたコミュニケーションプランを設計します。改定の内容にもよりますが、遅くとも移行の３カ月前までには説明会の実施やガイドブックの整備等を行うことが望ましいでしょう。説明会の内容としては、改定の背景・狙いや、経営層から社員に対する期待・メッセージ、新旧制度の変更点、新制度の利用方法、移行スケジュール、移行措置（例：手当の減額などの不利益変更がある場合に複数年間で減額する）等が典型的です。

また制度導入後は、福利厚生制度全体あるいは個別施策のKPIを設定し、定期的にモニタリングを行います。KPIの例としては、社員サーベイにおける福利厚生に関する設問のスコアや、個別施策の属性別の利用実績等が挙げられます。こうしたデータの定点観測を通じて、改定の狙いに沿った効果が得られているかを検証し、次の制度改定に活かすことが可能になります。

ここまで、福利厚生制度を改定する際の一般的な検討手順をご紹介しました。次のパートでは、これらのステップをより具体的にイメージできるよう、テーマごとの具体的施策例と、実例に基づくケーススタディーを紹介していきます。自社の課題感に照らして、該当する項目をご覧ください。

人事戦略に基づく福利厚生制度改革の実践例

1 社員一人ひとりのニーズに合わせた柔軟なメニュー提供

1　現状と課題

ここでは、人材の多様化が進む中で、社員一人ひとりのニーズに合わせて柔軟にメニューを提供するための施策の一つとして、「カフェテリアプラン」の導入について紹介します。カフェテリアプランは、限られた予算の中で、必要な人に必要な制度を提供できる施策として大企業を中心に導入されています。経団連の「福利厚生費調査」（2019年度）によると、回答企業中17.1％（104社）が導入しており、その大半が1000人以上規模の企業です。

カフェテリアプランは、企業が全体の予算を決めた上で幾つかのメニューを選定し、その中から社員個人が自分自身に必要な福利厚生を選べるという「フレックス・ベネフィット」の枠組みの中に位置づけられます（第２章❷**「これから」の福利厚生制度のあるべき方向性**〔67～77ページ〕参照）。提供する制度の範囲が一般に文化活動支援に傾斜した柔軟性のある福利厚生と考えられるカフェテリアプランですが、昨今では法定外の制度全体に踏み込み、「フレックス・ベネフィット」に近い概念で制度構築をしている企業も多く見られます。

2　対象企業

本パートでは、以下のような観点から「社員一人ひとりのニーズに合わせて柔軟にメニューを提供したい」と考える企業にとって有用な、カフェテリアプランに関連する施策を紹介します。

- **高度成長期につくられた福利厚生制度を持ち続けていて、現在勤務している社員層とのギャップが生じている**
- **中途採用を加速させて優秀な人材を外部から獲得したい**
- **制度自体は充実しているが、恩恵を受けられる社員に偏りが生じている**
- **多様な人材に対応する制度を導入したいが、予算が限られている**

3　概要

かつては新卒で入社した企業に定年まで勤め上げる「終身雇用」が当然で、家族形態も「世帯主（男性を想定）＋専業主婦（女性を想定）＋子ども」という世帯構成が主流でした。そのため、主流に合わせた画一的な制度を設けることで、多くの社員が満足し、また、魅力的な制度を持つ企業として外部人材を惹きつけることができました。典型的な例としては、主に男性を想定した世帯主社員向けの家族手当や、家族そろっての転勤を前提とした住宅支援、保養所などの“ハコモノ”を提供する形の余暇支援などが挙げられます。

しかし昨今では、想定以上に加速する少子高齢化により社会保障制度の脆弱化や、労働市場における雇用の流動化が進んでいます。今まで新卒一括採用で必要な人材を確保できていた仕組みが立ち行かずに中途採用が増え、結果として意図せずとも多様な人材が存在する、という企業も多いのではないでしょうか。そうなると、これまでの画一的な仕組みでは社員一人ひとりに行き届いたサポートや恩恵を与えることができなくなります。そのため、これからは各自のニーズに合わせて「柔軟」にメニューを提供でき、属性の違い（子どもや扶養家族、持ち家の有無など）に左右されない「社員一人ひとりのニーズに合わせた」制度づくりが求められるようになります。

一口に「多様な人材」といっても、その捉え方はさまざまです。例えば、属性一つとっても、性別・年齢・人種・家族構成・障害・新卒・中途採用など、複数の切り口が考えられます。個々のライフステージやライフスタイルに対する考え方も異なるため、全員に対して一つの制度を当てはめることが難しくなっています。企業は、さまざまな属性に応じて、個々の社員のライフステージやライフスタイルにも沿った「柔軟な」制度の提供が求められています。今まで大半が満足していた福利厚生制度に当てはまらない社員が増えてきたということは、受益者の偏りも意味します。誰もが享受できる制度を中立的な視点で策定することが求められているのです。

Case Study #1　A社

「人材の多様化」に対応するための
カフェテリアプランの導入

A社は、高度成長期につくられた福利厚生制度を長く維持していましたが、企業買収という外部要因をきっかけにその制度を見直し、新たにカフェテリアプランを導入しました。ここでは、そのA社の事例を紹介します。

❶ 背景

A社はもともと歴史のある製造業の企業でしたが、数年前にZ社の傘下となり、会社の状況が変わり始めました。Z社の経営方針に基づくビジネスの方向転換による工場統廃合、人員整理、オフィス移転等、A社で従来から働く社員にとっては意図しない変化への対応が求められ、社員のモチベーション維持が懸念されるようになっていました。一方で、Z社の傘下となった後に新たに入社した社員も増え、社員の構成も多様になってきました。その中で現在の会社組織に合わない制度の見直しや、業務の効率化への対応を余儀なくされたのです。

社内で発足した複数のプロジェクトの中の一つが、福利厚生制度の見直しでした。従来の制度は新卒一括採用で定年まで勤続する社員を前提としていましたが、Z社の傘下となった後に入社する社員も増えていく中で、徐々に組織の状況にそぐわない制度になっていました。

そこで、「入社の経緯にかかわらず誰もが使える制度」を模索する過程で、「カフェテリアプラン」を導入することになったのです。カフェテリアプランの導入においては「原資の捻出」も大きな課題であり、限られた予算の中で優先順位を考えて進めることも求められました。

❷ 見直しの目的

①福利厚生制度および運営コストを見直し、現在の社員ニーズに合った制度に再構築すること

②企業としてのセールスポイントとなる魅力的な制度を導入することによって、既存社員のモチベーションアップと定着率の向上を実現するとともに、有望な人材獲得につなげること

従来の福利厚生制度は新卒一括採用で定年まで勤続する社員を前提としており、社員のモデルも「一家を支える大黒柱として専業主婦の配偶者と子どもを養う男性社員」を対象とした制度となっていました。そのため、福利厚生制度の予算は主に住宅（社宅、寮、財形貯蓄等）に使用しており、対象人数・対象属性も限定されていました。結果として生じていたのが、「大半の福利厚生制度を少ない人数が使用する」という利用者の偏りです。社員の構成が多様化する中で、すべての社員が公平に利用できるようなメニューも取り入れた制度にすることが喫緊の課題となっていました。

③人事業務の効率化

また、当時は人事業務をほぼ社内の自前で行っており、それに対する人件費も課題となっていました。人事業務の効率化を目的に、現在、会社が運営している制度の中で社宅管理業務や財形貯蓄制度に関する事務処理など、アウトソース可能なものを外部依頼することも選択肢でした。

❸ 見直しに際しての課題

1　カフェテリアプラン利用のための原資の捻出先

カフェテリアプランは、福利厚生制度の費用として使える予

Case Study #1

算額と選択可能な制度内容を決めて、社員がその範囲で自由に選択して使用する制度です。新規に追加予算の増額が難しいため、「どこから原資を捻出するか」が大きな課題になります。Ａ社の人事部内では、住宅・財形貯蓄関連を捻出先としてある程度目安はつけていたものの、それが適切なのか、他に捻出できるものはないか、という議論になっていました。さらには、原資を捻出して予算を確保した後、どのような優先順位で制度内容を選定するのか、という方針が定まらない状況でした。

2　労働組合との交渉

制度の見直しに伴い、住宅や財形貯蓄関連等の「原資捻出の対象」となった制度を利用する社員にとっては不利益が生じる場合もあります。そのため、そうした社員への丁寧な説明が求められるという観点から労働組合との交渉が避けられず、労働組合が納得する形で「原資の捻出先」と「制度の改定内容」を決定することも、大きな課題として挙げられました。

❹　福利厚生制度の見直し（カフェテリアプラン導入に向けてのステップ）

1　ステップ1：現状把握

現行制度の中から予算を捻出し、どのような優先順位で制度を策定するのかを検討するに当たり、現状把握から着手することとしました。具体的には、自社の制度の客観的な位置づけを知るために、他社との比較で行う“水準検証”と、社内での各制度の利用状況が適切かどうかを見る“可視化”という、外部と内部双方の視点による現状把握を実施しました。

一般的に、現状把握については、**［図表3-1］**記載の「法定外福利厚生」「就業条件」「通勤・異動・出張に係る制度」が対象

図表3-1 福利厚生制度の範囲

仕組み			
人事制度	等級・評価・報酬		
人事制度	配置・異動・育成		• 業務直結トレーニング、サクセッションプラン
法定内福利厚生	社会保険制度		• 労災保険、雇用保険 • 健康保険、厚生年金保険、介護保険
法定外福利厚生	リスクへの備え	死亡、就業不能、健康、キャリア	• 福利厚生保険、各種見舞金、休業制度、相談制度 • 健康保険（付加給付）
法定外福利厚生	資産形成	老後資金その他資金	• 退職給付制度、持ち株会、財形貯蓄制度、資産運用教育
法定外福利厚生	ライフイベント支援	結婚、出産・育児、介護	• 現物給付：社員割引 • 現金給付：慶弔金、その他諸給付・手当（住宅手当を含む） • 代行サービス給付：カフェテリアプラン、ベビーシッター補助
就業条件			• 就業時間、時間管理、休暇・休日、育児休業関連、介護休業関連 • 働く場所等の働き方に関する定め
通勤・異動・出張に係る制度			• 住宅制度、引っ越し費用給付等

領域となります。狭義の「福利厚生制度」は「法定外福利厚生」部分となりますが、「就業条件」なども含めて水準検証を行うことが望ましいと考えられます。理由は、制度の見直しをする上で、就業条件と福利厚生制度は一緒に考える必要があるものが多いからです（例：休職期間と長期障害所得補償保険）。また、住宅支援等については会社のビジネスに関わる転勤制度とも密接な関係があるため、こちらも含めて検討する必要があります。本件では、見直しに必要な制度範囲に鑑み、「就業条件」「通勤・異動・出張に係る制度」も含めて現状把握を実施しました。

(1) 水準検証

水準検証は、マーサーが年２回実施している「人事諸制度および福利厚生調査」（MBM〔＝Mercer BenefitsMonitor™〕）の調査結果を用いました。これにより、「自社の持つ制度は他社が一般的に導入している制度か」「他社が一般的に導入している制度を自社も導入しているかどうか」「自社の持つ制度は他社の水準と比較して上回るか・劣後しているか」を客観的な指標で判断することが可能です。水準検証の結果、制度によって水準に大きな偏りがあることが判明し、改善策の方向性を客観的に把握することができました **[図表3-2〜3]**。

通常、市場の50％以上が導入していれば一般的に導入されていると判断し、また水準については市場の中央値を軸として上回るかどうかを判断します。あくまでも市場との比較結果を客観的に見ることが目的なので、他社が一般的に導入していて自社にはない制度について、自社のビジネスや社員構成にそぐわない制度の場合は一概に「劣後している」という判断にはなりません。

(2) 利用状況の可視化

Ａ社の福利厚生費（退職金を除く）の中に占める住宅補助費の割合は70％である一方で、住宅補助を受給している社員は全体の20％であり、費用に占める割合と受給できる人の割合との乖離（かいり）が浮き彫りとなりました **[図表3-4]**。福利厚生費の予算のうち、住宅補助費以外で使用できるのは残り30％となります。つまり、全社員の20％に過ぎない「住宅補助受給者」に対して福利厚生予算全体の70％が配分されている一方で、住宅補助を享受できない80％の社員へのサポートは、予算の残り30％の中から提供されていることになります。実際には、「住宅補助」に

図表3-2　水準検証１

項目	詳細	制度内容	マーサーの福利厚生調査結果	調査結果との水準比較
休暇制度	年次有給休暇	入社１年目：14日 以後１日ずつ増加、最大20日	入社１年目：12日 ３年目：15日　５年目：18日　10年目：20日	＝
	積み立て年休	年 10 日を限度として失効年休を最大50日まで 事由：業務外の傷病、育児・介護等	積み立て年休制度あり：20% 主な事由：私傷病、家族の看護・介護	↑↑
	短期私傷病休暇	なし	短期私傷病休暇制度あり：70%	↓↓
育児・介護	育児休業	法定どおり	法定を上回る制度あり：20%	＝
	介護休業	法定どおり	法定を上回る制度あり：25%	＝
	育児支援	なし	支援あり：65% ベビーシッター費用補助等	↓
	介護支援	なし	支援あり：60% ホームヘルパー費用補助等	↓
住宅補助	住宅補助対象者	転勤者・被扶養者を持つ社員	住宅補助あり：65% 対象者：転勤者　60% 結婚による新居　10%	↑
	会社負担・補助	家賃上限：18万円（配偶者＋子２人） 補助割合：80%（上限を上回る場合自己負担）	家賃上限：15万円（配偶者＋子２人） 補助割合：80%（上限を上回る場合自己負担）	↑
	補助期間	転勤者：10年 それ以外：８年	転勤者：７年 結婚による新居：３年	↑
資産形成	財形貯蓄制度	財形貯蓄制度あり 利子補給あり（補給利率：4%）	財形貯蓄制度あり：80% 利子補給あり：20%（補給利率：2%）	↑↑
自己啓発	自己啓発補助	なし	自己啓発補助あり：80% 語学、エクセル、会計、外部セミナーなど	↓↓
余暇・健康増進	保養施設・スポーツジム	なし	保養施設やスポーツジム補助あり：60% 会社所有、契約保養所、ジム利用費補助など	↓

［注］　A 社の実際の制度に基づいた水準検証の結果ではなく、イメージ図（[図表 3-3] も同じ）。

図表3-3 水準検証2

項目	詳細	水準比較	検証コメント
休暇制度	年次有給休暇	＝	年次有給休暇の日数は対市場と同水準となっている。 積み立て年休制度を有しているが、市場での導入率は低く、対市場水準を大幅に上回っている。 一方で、市場での導入率が高い短期私傷病休暇制度はなく、勤続年数の浅い社員にとっては不利となっている。
	積み立て年休	↑↑	
	短期私傷病休暇	↓↓	
育児・介護	育児休業	＝	育児・介護の休暇や勤務制度に関する制度は法定どおりで、対市場と同水準となっている。 一方で育児支援や介護支援の制度はなく、対市場水準を下回っている。
	介護休業	＝	
	育児支援	↓	
	介護支援	↓	
住宅補助	住宅補助対象者・会社補助・補助期間	↑	住宅補助対象者は転勤事由のほか、扶養家族を持つ社員も含めており、対市場水準を上回っている。 また補助期間も対市場水準を上回っている。
資産形成	財形貯蓄制度	↑↑	利子補給利率が対市場水準を大幅に上回っている。
自己啓発	スキルアップのための学習補助	↓↓	自己啓発のための補助制度はなく、対市場水準を大幅に下回っている。
余暇・健康増進	保養施設・スポーツジム	↓	余暇や健康増進のための補助制度はなく、対市場水準を下回っている。

図表3-4 A社の福利厚生費に占める住宅補助費の割合と、その受給者の割合

—％—

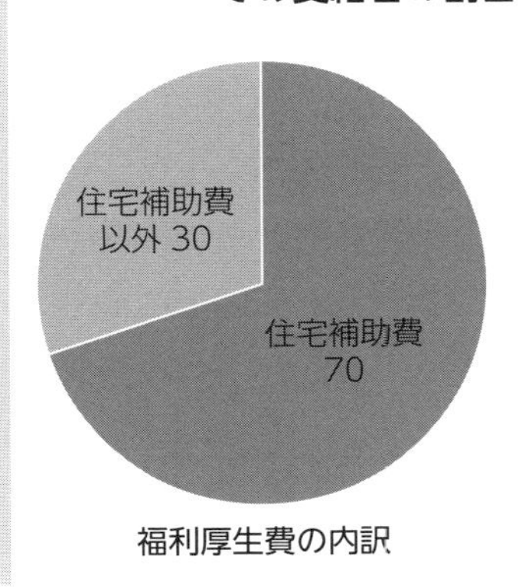

福利厚生費の内訳

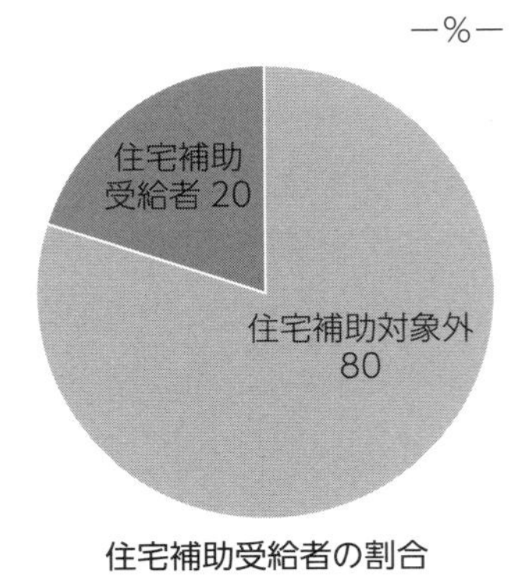

住宅補助受給者の割合

は転勤時に発生するコストを補塡する費用も含まれているため、「住宅補助受給者」が純粋に「恩恵」のみを享受しているわけではありません。しかし、「人によって受けられる福利厚生が多かったり少なかったりする」という不公平が生じていることは紛れもない事実です。

(3) 現状把握まとめ

水準検証・利用状況可視化により、以下のような現状が把握されました。

- ✓ 永年勤続表彰制度など、終身雇用を前提とした福利厚生制度が中心となっている
- ✓ 住宅関連の補助が市場水準に比べてかなり手厚く、全体の福利厚生コストの７割を占める一方、その対象者は社員の２割であり、転勤時への支援を考慮しても、受益者が偏っている
- ✓ 財形貯蓄制度の利子補給が市場水準に比べてかなり手厚い
- ✓ 育児支援・介護支援に関する福利厚生や、自己啓発のための補助制度が未導入で、市場水準を下回っている

2　ステップ2：見直し内容の方向性の決定支援

ステップ１の現状把握の結果、もともと課題認識のあった「多様化する社員のニーズ」への対応が十分ではなく、コストの大きさと受益者数の偏りも明らかとなりました。

現状把握により明らかとなった課題と、見直しの目的として掲げていた「福利厚生制度および運営コストを見直し、現在の社員ニーズに合った制度に再構築すること」および「魅力的な制度を導入することによって、既存社員のモチベーションアッ

プと定着率の向上を実現するとともに、有望な人材獲得につなげること」を踏まえて、見直し内容の方向性の決定を支援することとなりました。

検討の結果、社員の多様なニーズに応えるため、当初より検討していたカフェテリアプランを導入することにしました。これにより、社員全員が利用できる公平な制度を整えることが適切と判断したためです。また、カフェテリアプラン導入に必要な原資を最小限に抑える観点から、市場水準を大幅に上回っていると判明した利子補給制度の利率引き下げや、利用状況可視化によってコストと受益者の偏りが明確になった住宅補助を一定の経過措置後に減額することにしました。

(1) コスト削減項目

- ✓ 利子補給制度の利率引き下げ：市場の水準と比較して財形貯蓄制度の利子補給率が高かったため、一定割合を削減
- ✓ 住宅補助の減額：住宅補助を受けている社員に偏りがあり、不公平感解消のために一定割合を削減

なお、永年勤続表彰制度の廃止も提案に盛り込みましたが、社員全体のニーズが高いとの判断により、利子補給と住宅補助の削減のみとしました。

(2) 新規追加項目

- ✓ 育児・介護・健康サポート、語学学習等の自己啓発など、幅広い年齢層や性別にかかわらず利用できるメニューを追加

❸ ステップ3：カフェテリアプランの設計

(1) カフェテリアポイントの配分と利用方法

①**導入原資**：運営費用を踏まえて、年間ポイントを設計

②**既存制度利用者への対応**：既に住宅補助を受けている人については一定のポイントを使用済みとする

③**利用を促したいメニューの訴求力向上**：健康関連・自己啓発の利用についてはポイント単価を増やし利用を促進

(2) ベンダー選定

カフェテリアプラン導入に当たっては、プラットフォームの活用が必須です。Ａ社では自社での構築は難しく、かつ事務のアウトソースも検討事項にあったため、ベンダーに依頼することにしました。カフェテリアプランの立ち上げ・運営を請け負うベンダーは複数社ありますが、Ａ社のニーズと各社の強みを踏まえて選定しました［図表3-5］。

❺ まとめ

この事例は、社員のニーズに合わなくなり、利用者に偏りが生じていた福利厚生制度を、社員全員が利用できる公平な制度に改めたものでした。

その一方で、以下のような問題を抱える事例もあります。

・「社員の要望でカフェテリアプランを導入したが、ポイントの消化率が伸び悩んでいる」

・「自己啓発に使ってほしいのに、利用状況がレジャーに偏っているなど、会社が使ってほしいと思うメニューと社員が使いたいものとの間に乖離がある」

・「メニュー数は多いのに、現金化できるものに使う社員が多い」　等

図表3-5 カフェテリアプランの設計案

確認事項		マーサーによる提案	コメント
ポイント	配分額	5万円	市場水準での導入を推奨
	単価	1ポイント＝1円	利便性（1円単位で利用可能）
	ポイントの自動消化	社宅利用者は、2万Pt自動消化	導入目的である公平性確保のため
	未消化ポイントの精算方法	単年	予算管理が容易であり、かつ従業員がカフェテリアプランを毎年活用する動機づけにつながるため
導入原資	現行制度の見直し	住宅補助：10％削減 住宅関連利子補給：50％削減	公平性の観点から、住宅に偏っている福利厚生費を全社員へ提供するため
メニュー	メニュー数	20～30	特に推奨するメニュー： •健康増進補助 •自己啓発補助（各種スクール、資格取得補助） •育児・介護サービス利用 •任意保険の自己負担保険料
代行サービスの導入	社宅代行	○	HR担当者の事務工数を減らすため
	財形事務代行	○	
ベンダー選択	第1推奨ベンダー	X社	•低廉な費用 •カフェテリアプランの運営実績 •システム力、利便性
	第2推奨ベンダー	Y社	•カフェテリアプラン設計・運用の柔軟性 •多言語対応可能 •幅広い事務代行サービスの提供

これらの問題に対応するため、ここ最近の傾向として、幅広い領域からメニューを選定するのではなく、力を入れたい領域に限定した部分のみをカフェテリア化する企業もあります。例えば、以下のようなケースです。

✓ 自助努力促進：リスクへの備えに対する支援として、保険の買い増し部分や自己啓発に特化したメニューを導入

✓ 両立支援に呼応：育児支援や介護支援に限定したメニューを導入
✓ 健康施策に特化：人間ドック費用補助、スポーツ施設利用費補助など、健康増進に限定したメニューを導入

これらの事例は、あえて領域を限定することで会社からのメッセージを伝わりやすくし、社員も意識して制度を利用するようになることを狙ったものです。カフェテリアプランを導入すること自体が目的になったり、導入したことで満足したりといったケースも散見されますが、カフェテリアプランはあくまでも福利厚生制度を効果的に提供・活用するための手段です。したがって、導入した後も定期的なモニタリングを実施し、必要に応じてメニューの改廃を行いながら、自社に最適な制度を保ち続けることが重要です。

Case Study #1

2 多様なキャリアを支えるライフプラン支援

自己啓発・リスキリング

1 現状と課題

デジタル化・グローバル化をはじめとする事業環境の急速な変化を背景に、成長分野への人材シフトや、そのための社員のリカレント教育・リスキリングは、多くの企業にとって経営課題となっています。また人材獲得・リテンションにおいても、人材育成やキャリア開発支援の強化は重要なテーマの一つといえるでしょう。

一方、現状として、日本の社会人は国際的にも勉強不足といわざるを得ません。総務省統計局の調査では、日本の社会人の勉強時間

は平均13分といわれており（出所：総務省統計局「社会生活基本調査」〔2021年〕）、また別調査では、自己啓発を「とくに何も行っていない」日本人は国際的に見て突出して多く、全体の52.6％に上りました（出所：パーソル総合研究所「グローバル就業実態・成長意識調査」〔2022年〕）。

こういった実態の背景には、これまでの日本企業に特徴的な人材マネジメント、すなわち「会社主導の人事異動」が主流で、「キャリア希望があっても、かなえる方法が限られている」ことが影響している可能性があります。終身雇用・年功序列を基本とし、抜てき人事や降格はほとんど発生しないため、多忙な毎日の中で学びの時間を捻出するインセンティブは乏しくなります。今後、日本の社会人の学びを促進するためには、学びの支援にとどまらず異動施策を含む人材マネジメント自体を見直すことが必要です。

2 対象企業

本パートでは、以下のような観点から「社員の自己啓発やリスキリング」を支援したい企業にとって有用な施策を紹介します。

- デジタル化・グローバル化等の事業戦略の実現に向けて、社員のリスキルを促したい
- 魅力的な学びの機会を提供することで、ラーニングアジリティ（学習機敏性：業務に必要となる新しい知識やスキルを素早く身に付けられる力）の高い人材を惹きつけたい
- 社員エンゲージメントの向上に向けて、管理職のマネジメントスキルを開発・強化したい
- 事業構造やビジネスモデルの変化への対応や、技術革新へのキャッチアップが必要なベテラン社員に新しいスキルを身に付けてもらいたい

３ 概要

それでは、自己啓発やリスキリングを支援する仕組みを設ける際のポイントを確認していきましょう。

(1) 学びの環境整備

(a) 教育体系の整理

施策設計に入る前に、まず自社の教育体系の全体像を整理する必要があります。会社として業務上必須のスキルと、選択的・自己啓発目的のスキルを区分し、これらを福利厚生や会社主催の研修を含む教育体系全体の中で、どのように社員に提供していくのかを整理してみましょう。これにより、重複や漏れのない体系をデザインできるとともに、社員目線でも自社で求められるスキルが体系化され、明確になる利点があります。

福利厚生の対象となる学びの典型例としては、経営知識やマネジメントスキル、語学、特定領域の専門知識・資格など、職種や仕事内容によって選択的に必要になる特定知識・スキルのほか、読書やパーソナルコーチング・キャリアコンサルティングのように、内容を問わず、自己啓発的な行動を対象とするケースがあります。また自社のポリシー次第では、地域社会への貢献につながるボランティア活動や、私生活を充実させるための習い事など、業務から離れた、より幅広い学びを支援対象に含める事例も存在します。

(b) アクセスしやすいプラットフォームの整備

福利厚生を通じて支援する学びの内容を整理できたら、社員が学びを選択・実行するためのプラットフォームを整備しましょう。典型例としてはオンラインのプラットフォームを立ち上げ、受講推奨メニューを一覧化し学びにアクセスしやすくしたり、研修内容を可能な限り録画して、いつでも見られるようにしたりと、社員が自身のキャリア観や時間の有無に合わせて、気軽に学びを始められる環境を用意します。

(c) インセンティブの構築

福利厚生の各種施策の中で、学びに関するメニューに対して金銭的なインセンティブを盛り込むことも有効です。一般的に行われるカフェテリアポイントの優遇に加えて、社員同士で学び合う機会を設けた社員に対して、ポイントを上乗せして支給するといった事例も存在します。こうした細部の設計が、改定時に設定するポリシーと整合していることが、一貫性ある体系整備のために重要となります。

(d) 学びの時間の確保

会社が社員の自己研さんのためにさまざまな支援を提供しても、なお、学びを妨げる最大の要因の一つは「多忙」でしょう。業務にかかる時間を削減し、社員が学びに充てられる「可処分時間」を増やすことは、学びの促進において無視できない重要な要素です。

具体的な取り組み例としては、各現場単位での業務プロセスの見直し・効率化、通勤時間の短縮・テレワークの許容など、業務に要する時間の短縮に加え、一時的なキャンペーンによって学びの時間を確保するアプローチもあります。例えばラーニングウィークやラーニングデーを設定し、顧客との重要会議などを除いて極力学びの時間を確保すること、特に上司は部下の学びの時間確保に配慮することを、組織全体に推奨する事例があります。また、こうしたキャンペーン期間中に社員がオンライン研修に参加する総時間数を目標設定し、モニタリング・結果を公開することも、社員の行動変容の現状を把握・可視化する上で有効といえます。

(2) キャリア自律への働き掛け

(a) 自律的異動の制度整備

先述のとおり、社員の学びに対する意欲を高めるためには、自律的に自らのキャリアを考えることを促す異動施策の整備は不可欠です。これまでどおり会社主導の人事異動を主流とし、自ら手を挙げる機会が乏しいままでは、仮に福利厚生等の支援が充実したとしても学びのモチベーションを保つことは難しくなるからです。

具体的な取り組みとしてはまず、公募制度の整備・活性化が挙げられます。公募制度自体は設置されているものの、実際の応募者数や異動者数が少ない、という日系企業の声は多く聞かれます。マーサーが2024年に実施した調査では、「社内公募はない。または原則行われない」または「社内公募はあるが、その活用は活発ではない」と回答した日系企業は全体の75％に上りました（出所：「雇用の流動性と『キャリア自律・市場価値』関連人事施策に関する動向調査」、日系参加企業数257社）。公募制度が活性化しない要因は各社各様ですが、制度設計に課題がある場合も少なくありません。例えば、応募時や異動時に現所属組織の上司の了解を得るプロセスが、応募や人事異動の実現のハードルを上げている、といったケースがこれに該当します。こうした場合は、現所属長の承認を経ない形にプロセスを改定するとともに、公募によって人材が流出しやすい組織に対して、中途採用等による人員補塡の仕組みも併せて検討することなどが重要です。

(b) キャリア教育の早期化・強化

公募が活性化しない別の要因として、「自律的にキャリアを形成しよう」という社員側の意欲が、十分醸成されていないというケースもあります。こうした課題が明らかになった場合は、まず社内にあるポジションやそこに求められるスキルを整理して社員に開示する、自身のキャリア形成について考える時間を定期的に設ける、といったアプローチが考えられます。定年前の社員に初めてキャリア研修を実施する、という企業もありますが、本来は30代などの早期から定期的に、自身のキャリアを考える機会があることが望ましいでしょう。形式としては集合型のキャリア研修に加えて、キャリアコンサルタントやコーチングサービスなど、個別面談のサービスで支援することも有効です。

なお、キャリアコンサルタント等の個別面談を行う場合、社内の資格保有者によって共助のシステムを構築する事例と、社外のベンダーを活用する事例の両方が存在します。一般的に、前者は自社の社風や人事制度等を熟知した社員が対応できるという利点がある一方、後者は相談者目線でより情報保護への安心感が高い利点があります。

こうした機会を通じて、自身の過去の経験や強み・弱みを棚卸しするとともに、今後のキャリア希望を内省・言語化し、その実現に向けた情報収集や自己啓発などのアクションプランを明確化することを促します。こうして社員のキャリア自律の意識を徐々に高めていくことが、中長期では公募制度の活用や、継続的な学びへの意欲の維持・向上につながっていきます。

老後を支える退職給付制度

1 現状と課題

これまでの退職給付制度は、「新卒一括採用」「長期雇用」を前提として、長期勤続するほど有利に働く仕組みとして整備されていました。しかし雇用の流動化・人材の多様化を前提とする社会においては、これまでのような退職給付制度は機能しづらくなってきています。こうした環境変化を踏まえると、今後の退職給付制度には、転職などで特定の企業に捉われずに柔軟にキャリアを形成する人材にとっても不利にならない、新たな形が求められているといえるでしょう。また、寿命の長期化によって老後の資産形成が重要性を増している点も見逃すことはできません。

2 対象企業

本パートでは、以下のような観点から退職給付制度の見直しを進めたいと考える企業にとって有用な施策を紹介します。

- ▶ 長期勤続者に過度に優遇的な制度となっており、自己都合退職者や中途採用者に不利が生じている
- ▶ 企業型DC制度を導入しておらず、中途採用者の前職における企業年金制度からの資産の受け皿がない。また、中途退職者は自社の退職給付制度における資産を転職先に移換することができず、退職給付制度を継続できない
- ▶ 企業型DC制度を導入していない、または導入しているが社員の関心が低く、資産形成支援として機能していない

3 概要

従来の日本企業に多い「終身雇用」をベースとした社会と、雇用の流動性が高い社会とでは、退職給付制度の役割および特徴は大きく異なります。ここでは、過去に日本企業においてよく採用された典型的な退職給付制度と、雇用の流動性が高い社会における典型的な退職給付制度をそれぞれ【メンバーシップ型の退職給付制度】【ジョブ型の退職給付制度】と呼ぶこととします。それぞれ、［図表3-6］のような特徴があります。

いずれの場合も、退職給付制度の最終的な支給目的は老後のための安定資産の確保と、それによる社員の安心感の醸成です。ただし、その対象および手段は大きく異なります。メンバーシップ型の退職給付制度は、「新卒入社・定年退職の勤続モデルに準じた社員」に対して「安定的な給付額を企業が定年時に支給する」ことによって老後の生活保障を行います。一方、ジョブ型の退職給付制度は「中途入社者も含むすべての社員」に対して「在職中の貢献に応じた額を認識しやすい形で積み上げ、金融経済教育等のサポートを行う」こ

図表3-6 「メンバーシップ型」と「ジョブ型」の各退職給付制度の特徴

	メンバーシップ型の退職給付制度	ジョブ型の退職給付制度
①制度の枠組み	主として確定給付型制度 (DB、退職一時金制度等)	主として確定拠出型制度 (企業型 DC)
②給付算定式	最終給与比例制、ポイント制 (勤続年数に応じたポイント)	累積型制度 (職務に応じたポイント、一定額または給与の一部)
③在職中の認識しやすさ	重視されない	重視される
④長期勤続による加算、ペナルティー	• 勤続年数や年齢による加算・定年加算 • 勤続ポイント • 自己都合退職時の高い減額率(ペナルティー) • ポータビリティがない	な し
⑤重視される額	定年退職時の想定給付額	毎年の積立額 (報酬の何%を毎年積み立てているか)

とによって自律的な資産形成を支援します。

また、メンバーシップ型の退職給付制度においては、構造的に「企業はコストをかけて運営しているにもかかわらず、社員の認知度は低い」「定年が近づいて初めて、退職給付制度の重要性が認識される」という課題が生じがちです。一方のジョブ型の退職給付制度は、毎年の積立額や現在の累積額が社員に認識されやすい特徴を持つことから、企業目線ではコストパフォーマンスの優れた制度であり、社員目線では老後の資産形成を現在行っていることへの認識が高まり、安心感の醸成につながる制度でもあります。ここでは、メンバーシップ型の退職給付制度からジョブ型の退職給付制度に移行する場合の具体的なステップを説明します。

(1) ジョブ型の退職給付制度の制度設計

ジョブ型の退職給付制度へ移行する場合の制度設計上のポイントについて考えていきます。

図表3-7　企業型DC制度の特徴

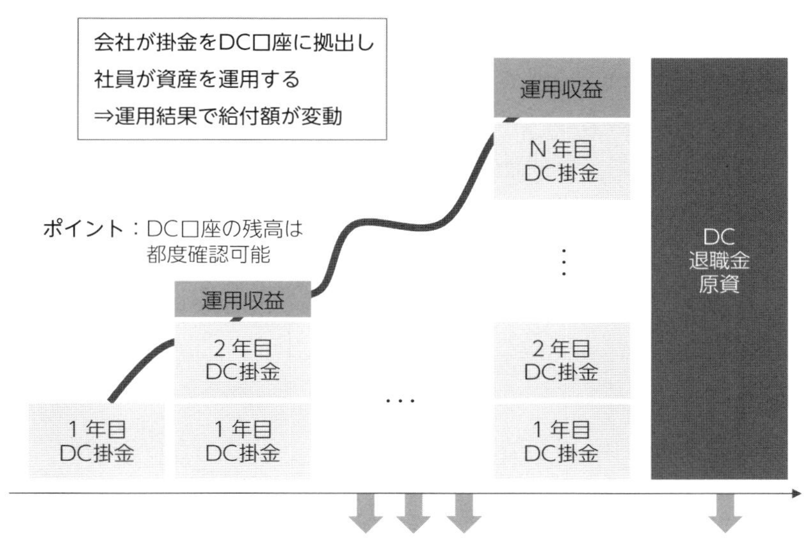

(a) 制度の枠組み

企業型DCは、ジョブ型の退職給付制度に適しています。その特徴は次のとおりです［図表3-7］。

✓ 企業が掛金を社員のDC口座に拠出し、社員が自分で資産を運用する仕組み
　⇒退職金が今いくら積み立てられているか在職中から認識しやすい
✓ ポータビリティが可能であり、60歳まで原則支給されない
　⇒転職しても次の転職先に持ち運べ、60歳まで老後の資産形成の継続を促す強制性がある

✓ 企業は加入者への継続的な投資教育等、資産形成のサポートを行う。また、任意で加入者掛金を追加拠出できる制度とすることも可能
⇒企業が提供する枠組みの中で、投資教育を受けながら、実際に投資を行う機会が得られる

一方で、DC制度においては法令上の掛金の拠出限度額があり（DCのみ実施の場合で、会社と社員の掛金額との合計額が5万5000円／月。2024年12月時点）、拠出限度額を超える社員においては、超過部分をカバーするための制度を併せて用意することが望ましいといえます。超過部分をカバーするための制度としての主な選択肢には、退職一時金制度または前払い退職金制度（給与と同様に支払う）があります。退職一時金制度による支給額は退職所得となり、前払い退職金制度は給与所得となるため、社員目線では税制面から退職一時金制度のほうがより優れています。ただし、退職一時金制度は退職給付会計上の債務として認識する必要があり、社員の残高管理を企業が行う必要があるなど事務面の負担も大きいため、社員への影響が小さい場合は前払い退職金制度を選択する場合もあります。

(b) 給付算定式、在職中の認識しやすさ

ジョブ型の退職給付制度の重要なポイントは、自律的な資産形成を行うことが求められることから、在職中に退職給付制度に対する認識を持ちやすいという点です。この観点から、「最終給与比例制」よりも「累積型」の制度が適しています。企業型DC制度を導入する場合は一般的に累積型の制度となりますが、退職給付算定給与として何を累積するかも重要です。ジョブ型の退職給付制度では、勤続年数ではなく職務や役割の大きさに応じた貢献が処遇に反映される制度が適していることから、職務や役割に応じた一定額またはポイントを、あるいは給与には既にそうした貢献が反映されているとい

図表3-8 賃金改定額と退職金基礎額との関係

―％―

	賃金改定額が基礎額に繰り入れられる*	ポイント方式（点数 × 単価）	別テーブル方式	その他
調査計	12.5	63.1	14.5	9.8

＊全部と一部の合計

資料出所：経団連・東京経協「2021年９月度　退職金・年金に関する実態調査」を基にマーサー作成（[図表3-9] も同じ）

う前提の下で給与の一部（給与の○％）を退職給付算定給与とする選択肢があります。

なお、日本における企業の退職給付制度に係る退職給付算定給与は、「ポイント方式」（ポイント制）が63.1％と圧倒的多数に上ります［図表3-8］。

一方で、退職給付制度の役割を「給与の後払い」とする場合、給与の一部を退職給付算定給与としたほうがより役割に整合性があり、自動的に給与と同じ評価に基づく処遇にもなるため公平性が担保されます。また「給与の○％」というシンプルで分かりやすい給付算定式により、社員にとっては退職給付制度の内容を認識しやすく、企業にとっては新規採用時に自社の退職給付制度を提示しやすいメリットもあります。

【留意点】

ポイント制の場合は、給与との接続がありません。したがって企業が給与を上げた場合、給与の一部を給付算定式とする場合は退職給付も連動して増額されますが、ポイント制の場合は退職給付に影響しません。今後もインフレ傾向が続くと仮定する場合、企業がそれに伴って給与を上げると想定されますが、給与の一部を給付算定式とする退職給付制度はインフレに伴う増額対応ができている制度といえます。しかし、ポイント制の場合は制度変更を行わない限り増額されないため、実質的な価値が目減りしてしまいます。その一方、企業側から見ると、退職給付に反映すべきではない給与増額も自動的に反映してしまう可能性があることや、制度移行時における給与が過去の年功要素を強く反映した水準となっているために、給与と退職給付制度はあえて切り離したいケースもあるでしょう。

(c) 長期勤続による加算、ペナルティー

長期勤続による加算とペナルティーは、大きく以下のように分けられます。

✓ 長期勤続による加算：勤続年数や年齢による加算・定年加算、勤続ポイント
✓ ペナルティー：自己都合退職時の減額

多くの日本企業においては、長期勤続による加算要素が退職給付制度に織り込まれています。例えば、ポイント制を採用する企業のうちポイントの年功要素の配分割合は20％前後～20％台半ばであり**[図表3-9]**、ポイントの年功要素に加えて定年退職時のみ加算する制度や、長期勤続になるほど給付額が大きくなる支給率を乗じる制度も多く残っています。

また、ペナルティーとして自己都合退職時の減額がありますが、勤続年数が短く、年齢が若い場合の自己都合減額率は高く設定され、徐々に低くなるケースが一般的です。こうした長期勤続優遇的

図表3-9 ポイント方式を採用している場合の配分割合（全産業・総合職・大学卒）

―％―

勤続年数	年齢	資格・職務要素	考課要素	年功要素	その他
10年	32歳	61.1	10.7	25.8	2.5
20年	42歳	63.4	9.7	24.1	2.8
30年	52歳	65.3	9.3	22.2	3.2
38年	60歳	67.8	9.6	19.1	3.5

[注] 配分割合は、資格・職務要素、考課要素、年功要素、その他の割合を合算し、単純平均したもの。

な要素を強く持つ退職給付制度は、Ｓ字型の給付カーブを描きます**[図表3-10]**。

このような退職給付制度の場合、中途採用者にとっては給付があまり伸びず不利と感じ、転職も視野に入れている社員にとって価値を感じにくい制度となるため、過度な長期勤続への優遇は廃していくべきです。長期勤続による加算やペナルティー要素を廃し、勤続期間中の貢献を反映する累積型の制度とした場合、給付カーブは相対的にフラットなカーブとなり、また長期勤続による貢献は累積期間の長さによって報いることができます**[図表3-11]**。

(d) 重視される額

メンバーシップ型の退職給付制度においては、新卒入社・定年退職の勤続モデルにおける最終給付額が重視されます。一方、ジョブ型の退職給付制度では、転職や中途入社も当然に発生するため、一律の給付モデルはあまり意味をなさなくなります。代わりに重要となるのは、毎年の積立額の水準です。退職給付も給与の一部であるという考え方に基づくと、年収における何％を毎年積み立てるかがポイントとなります。この点を社員に対して訴求することで、転職者や中途入社者も退職給付の見通しが立てやすくなります。また、老後に向けて退職給付が積み立てられているという安心感にもつながるでしょう。

(2) 自律的な資産形成支援を促進する年金・退職金

企業型DC制度を中心とする退職給付制度を前提に、さらに仕組み面で「資産形成支援」を促進する場合、加入者の任意の追加拠出を促進する制度が考えられます。加入者が企業型DCの枠組みで任意の追加掛金拠出を行う仕組みには、「給与・賞与を原資とする選択型DC制度」「加入者掛金制度（マッチング拠出）」があります。企業がそれらの追加拠出制度を用意するかどうかは任意ですが、2024年

図表3-10 長期勤続優遇的な要素を強く持つ制度の給付カーブ

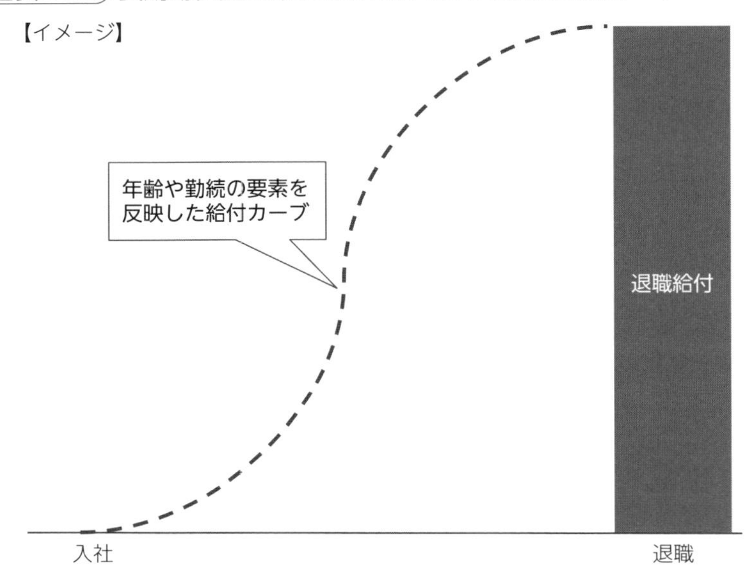

図表3-11 勤続期間中の貢献を反映する累積型制度の給付カーブ

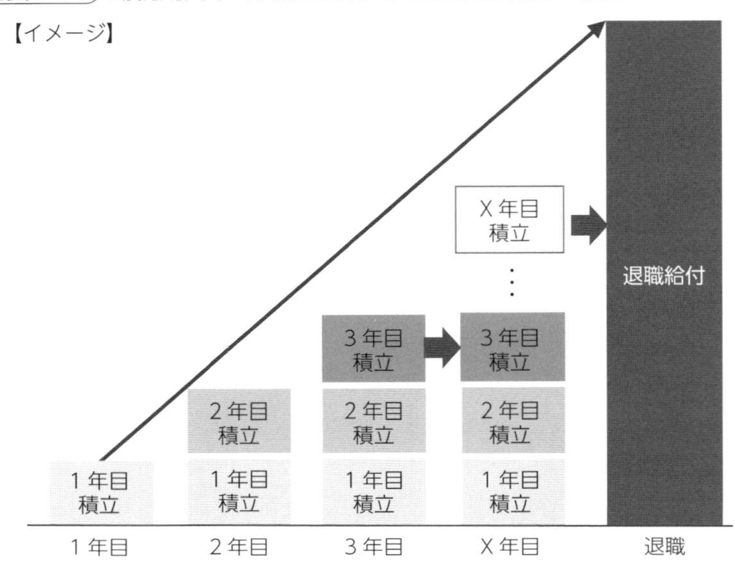

３月末時点の企業型DCにおけるマッチング拠出の実施割合は、規約単位で41.2％、事業所単位で22.2％（出所：運営管理機関連絡協議会「確定拠出年金統計資料」〔2024年３月末〕よりマーサーが算出）であり、給与・賞与を原資とする選択型DC制度も含めるとさらに多くの企業が加入者の追加拠出制度を用意していると考えられます。

また2022年のiDeCoの加入要件緩和の法改正により、企業型DCの加入者は原則として企業型DCの制度外でiDeCoにも加入できるようになりました。企業型DCにマッチング拠出制度がある場合、加入者はマッチング拠出かiDeCoのいずれかを選択して加入することができます。

選択型DC制度、マッチング拠出、iDeCoの比較は **[図表3-12]** のとおりです。

企業型DC内で任意の追加拠出を行う場合も、iDeCoで掛金の拠出を行う場合も、DC掛金の拠出限度額は企業型DC掛金（事業主掛金＋加入者掛金）とiDeCoで合計５万5000円となります。また、DB制度と企業型DC制度の両方を有する場合は、2024年12月よりDB他制度掛金、企業型DC掛金（事業主掛金＋加入者掛金）とiDeCoで合計５万5000円となります。したがって、企業年金の退職金部分（DB他制度掛金＋企業型DC掛金）で拠出枠を使い切る場合、加入者が追加拠出する枠はなくなります。

資産形成支援として加入者の追加拠出を促進する場合は、企業型DCの枠組みでマッチング拠出制度等を用意することが望ましいでしょう。ただ、企業年金の拠出水準が大きい場合、加入者によっては追加拠出を行えないため、あえてDCの事業主掛金に上限を設ける設計が考えられます。

また、企業型DC内に追加拠出制度を設ける代わりにiDeCoの加入を促進するケースもあります。例えば、企業年金を実施していない中小企業が利用可能なiDeCo＋（イデコプラス）の仕組みを活用

図表3-12 任意のDC掛金拠出制度の比較

	選択型DC制度（給与・賞与原資DC）	マッチング拠出	iDeCo
スキーム	給与または賞与の一部を減額し、減額分を給与として受け取るかDC掛金として拠出するか社員が選択する方法	加入者掛金として給与からDC掛金を拠出する方法	個人が企業の制度外でiDeCo口座を開設し、掛金を拠出する方法
DC掛金の位置づけ	事業主掛金	加入者掛金	iDeCo掛金
所得税・住民税	少なくなる：DC掛金は所得扱いとならないため、課税対象外	少なくなる：DC掛金は小規模企業共済等掛金控除の対象	
社会保険料	少なくなる：DC掛金は保険料の算定対象外になり保険料が労使双方減る*	変わらない	
掛金拠出限度額（月額）**	【3制度共通】法令上の拠出限度額から企業年金の掛金を控除した額：5万5000円－DB他制度掛金相当額－企業型DC掛金		
	退職金としてのDC掛金を0円とする場合、加入者掛金は最大5万5000円	事業主掛金≧加入者掛金：DB等他制度がない場合、加入者掛金は最大2万7500円	企業年金がある場合：最大2万円 企業年金がない場合：最大2万3000円
制度管理手数料	現役時は企業負担		個人負担
DC運営管理機関	企業が選定		個人が選定

* 社会保険料が減額されることにより、将来受け取れる厚生年金等の給付が減少する可能性もあることに留意。

**2024年12月時点の拠出限度額を記載。
今後の改正見込みについては、下記「(3) 今後の退職給付制度の方向性～令和7年度税制改正大綱を受けて～」（120～125ページ）参照。

し、iDeCoの加入者掛金に上乗せして事業主掛金を拠出するケース、iDeCo加入者に掛金相当額としてiDeCo奨励金等を支給するケースなどがあります。

(3) 今後の退職給付制度の方向性 ～令和7年度税制改正大綱を受けて～

2024年12月20日、与党税制改正大綱が公表され、私的年金分野においても次のような改正案が盛り込まれました（施行時期は未定）。

6　その他

(国税)

(1) 確定拠出年金法等の改正を前提に、確定拠出年金制度等について次の見直しが行われた後も、現行の税制上の措置を適用する。

① 企業型確定拠出年金制度におけるマッチング拠出について、企業型年金加入者掛金の額は事業主掛金の額を超えることができないとする要件を廃止する。

② 企業型確定拠出年金の拠出限度額を次のとおりとする。

イ　確定給付企業年金制度に加入していない者　月額6.2万円（現行：月額5.5万円）

ロ　確定給付企業年金制度の加入者　月額6.2万円（現行：月額5.5万円）から確定給付企業年金ごとの掛金相当額を控除した額

③ 個人型確定拠出年金制度について、60歳以上70歳未満であって現行の個人型確定拠出年金に加入できない者のうち、個人型確定拠出年金の加入者・運用指図者であった者又は私的年金の資産を個人型確定拠出年金に移換できる者であって、老齢基礎年金及び個人型確定拠出年金の老齢給付金を受給していない者を新たに制度の対象とすることとし、その拠出限度額を月額6.2万円とする。

④ 個人型確定拠出年金の拠出限度額を次のとおりとする。

イ　第一号被保険者　月額7.5万円（現行：月額6.8万円）

ロ　企業年金加入者　月額6.2万円から確定給付企業年金ごとの掛金相当額及び企業型確定拠出年金の掛金額を控除した額（現行：月額2.0万円）

ハ　企業年金に未加入の者（第一号被保険者及び第三号被保険者を除く。）　月額6.2万円（現行：月額2.3万円）

⑤　国民年金基金の掛金額の上限を月額7.5万円（現行：月額6.8万円）とする。

⑥　その他所要の措置を講ずる。

資料出所：厚生労働省「第39回 社会保障審議会 企業年金・個人年金部会」参考資料１（令和７年度税制改正に関する参考資料）（123～124ページも同じ）

退職給付制度の設計において特にインパクトの大きい改正は、企業型DCにおける、①マッチング拠出の加入者掛金の拠出要件廃止と、②拠出限度額の引き上げです。

現行法令においては、企業型DCの拠出限度額とマッチング拠出の制約が退職給付制度の設計上の大きな制約となっています。まず企業型DCの拠出限度額ですが、現在の月額５万5000円では十分とは言い難く、多くの企業は超過する社員に対し退職一時金制度等で補填しています。複数制度を管理することは企業の実務上の負担が大きく、また制度が複雑化するため、DC 100％の制度とすることが可能となるよう拠出限度額が引き上げられることが望ましいといえます。改正案のとおり拠出限度額が月額６万2000円に引き上げられるなら、これは大きな前進です。

さらにマッチング拠出における加入者の掛金額が事業主の掛金額を超えないこととする制約も、当該制約のないiDeCoと比較して制度を使いづらく複雑なものとしています。また、若年層等の事業主掛金が低い加入者は加入者掛金を多く拠出できない等の問題もありました。改正案のとおり当該制約が廃止された場合、社員は事業主掛金の金額によらずDC拠出限度額から企業年金の掛金相当額を控除した空き枠内で上限まで加入者掛金を拠出することが可能となり、使いやすい制度となります。

また、企業型DCと同様、iDeCoの拠出限度額も第二号被保険者において月額６万2000円（現在は企業年金加入者は２万円、企業年金未加入者は２万3000円）に引き上げられる方針であり、改正されればiDeCoとマッチング拠出の拠出可能額は同額となります。企業型DCとiDeCoの運用商品の違いを考慮せず両制度を比較すると、運営管理手数料を企業が負担する企業型DC口座と同一の口座で管理できるマッチング拠出を利用したほうが、多くの加入者にとってはiDeCoを利用するよりも優位な選択と考えられます。企業が社員の自律的な資産形成を支援する観点からは、マッチング拠出制度を利用できるようにする意義が高まるといえるでしょう。

さらに、税制改正大綱の中では、退職金の給付に係る課税について、給付が一時金払いか年金払いかによる税制上の取り扱いの違いについての指摘や、勤続年数が20年を超えた場合の退職所得控除額の増加についての指摘も取り上げられています。

> 3．経済社会の構造変化を踏まえた税制の見直し
> (1) 個人所得課税のあり方
> ① 私的年金等に関する公平な税制のあり方
> （略）
>
> 包括的所得課税の下では、拠出時に所得控除の対象とされる、私的年金を含む年金については、給付時において相応の課税がなされることが原則と考えられる。しかしながら、現行の年金課税や退職所得課税の下では、私的年金の給付時課税が限定的となっており、給付時課税のあり方を検討する必要がある。
>
> また、退職金や私的年金等の給付に係る課税について、給付が一時金払いか年金払いかによって税制上の取扱いが異なり、給付のあり方に中立的ではないといった指摘がある。
>
> 退職所得課税については、勤続年数が20年を超えると１年あたりの退職所得控除額が増加する仕組みが転職の増加等の働き方の多様化に対応していないといった指摘もある。

退職金や私的年金等のあり方は、個人の生活設計にも密接に関係すること等を十分に踏まえながら、拠出・運用・給付の各段階を通じた適正かつ公平な税負担を確保できる包括的な見直しが求められる。

（略）

前段の退職金の給付に係る課税については、現在の企業年金制度における年金受け取りの選択肢が、一時金と同程度以上に受給者にとって有利な税制となることが望ましいと考えられます。現在は年金として受け取る選択肢があるにもかかわらず、大半の人が一時金として受け取る選択をしていますが、その大きな理由は退職所得となる一時金受け取りが、雑所得となる年金受け取りと比較して税制上有利であるからと考えられます。一方で、現在は61歳以上の就労者および就労希望者が72％、66歳以上が43％であり、長寿化に伴い就労期間が長期化しているため、必ずしも60歳で一時金としてまとまった資金が必要ないケースも多くあります［図表3-13］。

企業年金は、60歳前の期間と比較した際の給与の減少分をカバー

図表3-13 何歳まで仕事をしたいか、またはしたか

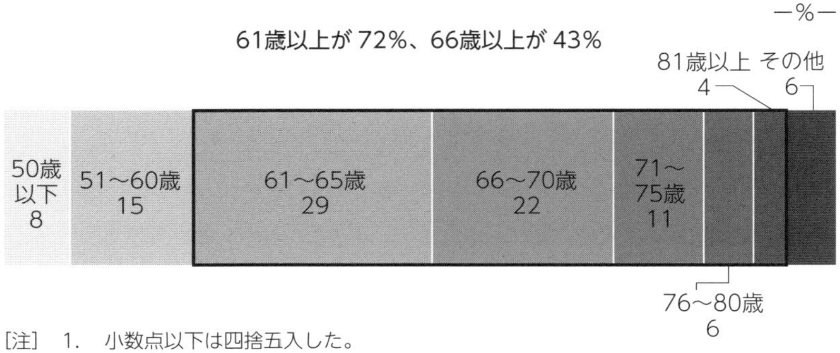

［注］ 1. 小数点以下は四捨五入した。
2. 「考えたことがない」「無回答」は除いた。

資料出所：内閣府政府広報室「生活設計と年金に関する世論調査」（2024年）

する役割や、公的年金の受給開始時期を繰り下げして増額する場合はそのつなぎ年金としての役割など、活用余地が大きいといえます。したがって、年金での受け取りが不利にならないような税制とすることにより、年金選択者が増えると考えられます。

また、後段の退職所得控除額の計算について、現在は、勤続20年以下の１年当たりの控除額が年間40万円、勤続20年超の控除額が年間70万円と、長期勤続者にとって有利になっています。これについては、控除額の総額が現在より減らないよう配慮した上で、１年当たりの控除額が全期間一律となることが望ましいでしょう。例えば勤続年数38年を想定する場合、１年当たりの控除額を全期間55万円とすると、控除額は総額で2090万円となり、現在の制度における控除額2060万円とほぼ同額になります。

企業型DCの拠出限度額とマッチング拠出の制約廃止について具体的な改正案が示されたこと、また退職金の給付に係る課税や退職所得控除の計算方式について指摘され具体的な改正案の検討が進められていくことのいずれも、退職給付制度がより使いやすくなる上で好ましい方向性といえます。

Case Study #2　Ｂ社

企業型 DC 制度を中心とした退職給付制度への見直し

❶　見直しの背景

Ｂ社はDB制度と企業型DC制度を組み合わせた退職給付制度を実施していました。しかし、2024年12月施行の法改正により、「DB他制度掛金＋DC掛金」を合計５万5000円以内とする制約が新たに設けられることとなったため、制度の継続性の観点から見直しが必要となりました。また転職により入社する社員が年々増加し、人事制度も自律的なキャリア形成を後押しするものに変更しようとする中で、新卒入社・定年退職を前提とした退職給付制度もその役割や制度設計を見直すべきタイミングでした。

❷ 見直しの目的

①2024年12月施行の法改正後のDC掛金拠出限度額に影響されず、制度継続が可能な制度とする

②長期勤続者への過度な優遇を減らし、自律的なキャリア・資産形成に資する退職給付制度とする

❸ 制度見直しの概要

図表3-14 制度見直しの概要

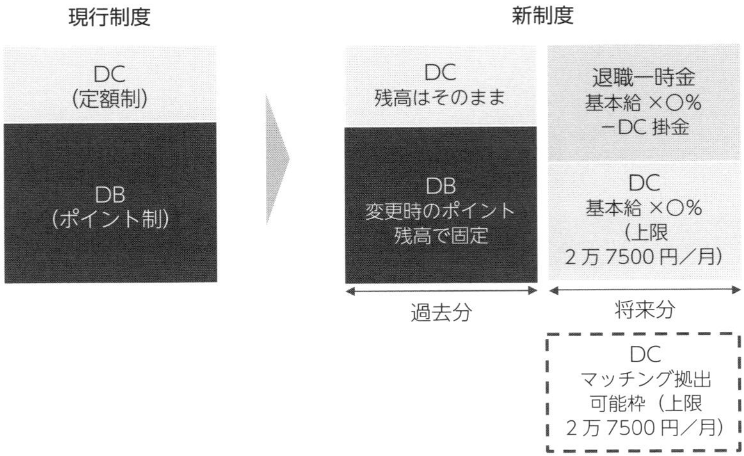

1 現行制度

(1) 制度の枠組み

DB＋企業型DC

(2) 給付算定式

DB：累計ポイント*×１万円×自己都合退職時の減額率

＊職務ポイント、勤続ポイントの合計

DC事業主掛金：職務グレードに応じた額

（管理職１万円／月、一般社員3000円／月）

(3) DCの加入者掛金制度

あり。法令上「事業主掛金≧加入者掛金」とする制約があることから、拠出限度額は管理職１万円／月、一般社員3000円／月

2 新制度

(1) 制度の枠組み

企業型DC＋退職一時金制度

(2) 給付算定式

DC事業主掛金：月額基本給×８％（上限：２万7500円／月）

退職一時金：月額基本給×８％－DC事業主掛金額

(3) DCの加入者掛金制度

あり。拠出限度額は２万7500円／月（法令上の拠出限度額）

(4) 変更前の制度の取り扱い

過去分のDBは凍結し、制度終了まで維持

❹ 制度見直しの詳細

法改正後も持続的な退職給付制度とする観点からは、DBまたは企業型DCのどちらか一方を廃止し、他方を中心とした退職給付制度に移行する選択肢があります。今回のケースでは、

「長期勤続者への過度な優遇を減らし、自律的なキャリア・資産形成に資する退職給付制度」とする見直しの目的から、企業型DCを中心とした制度にすることとしました。

勤続年数に対する優遇要素である「勤続ポイント」は廃止し、ペナルティーである自己都合退職時の減額も廃止しました。給付算定式はポイント制から給与の一定割合を累計する算定式へ変更することで、勤続年数に対して中立的、かつシンプルで社員が認識しやすい制度としました。

企業型DCは法令上の拠出限度額があるため、退職給付制度の100％を企業型DCに移行すると、月額拠出の大きい社員は上限に抵触します。そのため、退職一時金制度も併せて実施することとしました。またDCの加入者掛金制度は、法令上「事業主掛金≧加入者掛金」とする制約があるため、事業主掛金が月額2万7500円までは拠出可能額が増加しますが、2万7500円を超過すると減少し、5万5000円で拠出可能額が0円となります。そのため全員が法令上の拠出限度額を拠出できるよう、事業主掛金に月額2万7500円の上限を設け、超過分を全額退職一時金に積み上げることとしました。さらに、インフレにより退職金の価値が目減りしないよう、退職一時金は10年国債の利回りに応じて利息が付与されるキャッシュバランスプランとしました。

既存の社員に与える影響を小さくするため、制度変更前のDB制度は変更せず、将来分から新制度に移行する形としています。また、制度変更前後のモデル給付額を比較し、将来給付額が減少する見込みの社員には、退職一時金に一定の加算を行う経過措置を設けました。

❺ まとめ

Ｂ社は、中途採用による入社者の増加を契機とした人事制度の見直しとともに、退職給付制度も自律的なキャリア・資産形成に資するものへと見直し、DCを中心とした退職給付制度へと移行しました。また、あえてDCの事業主掛金の拠出上限を設けることで、加入者掛金の拠出余地を多く残しました。

雇用の流動性が高い社会において、このように自律的な資産形成を支援する退職給付制度への見直しは今後も増えていくものと考えられます。また、企業は退職給付制度を見直すことに加え、社員への投資教育など、運営面でも資産形成を支援していくことが重要です（「６　**資産形成支援**」〔165ページ〕参照）。

3 多様なライフステージを支える両立支援

1 現状と課題

共働き世帯が主流となり、家事・育児をしながら働く人は男女を問わず増加しました。また、加速する高齢化、共働き世帯・独身世帯の増加により、介護と仕事を両立する「ワーキングケアラー」も増加しつつあります。さらに昨今、社会人のメンタル不調が増加し、病気を治療しながら仕事をする人も増えていくことが見込まれています。

こうした中、両立支援において企業が抱える課題として、「復職後社員の仕事とライフイベントの両立の困難」と「メンタルヘルス問題による離職率の高さ」が最も多くなっています（出所：マーサー「仕事とライフイベントの両立を支援する労務・福利厚生制度に関するスナップショットサーベイ」〔2023年〕、回答社数100社）。各種休業制度等の整備により、出産・育児・介護は主要な離職原因ではなくなった一方、復帰後のサポートに依然として課題があること、またメンタルヘルスはそれ自体が離職に直結していることが読み取れます。

2 対象企業

本パートでは、以下のような観点から「多様なライフステージを支える両立支援」を推進したい企業にとって有用な施策を紹介します。

- ▶ ライフイベント前後の不安を低減することで、社員エンゲージメントの向上や女性管理職のパイプライン強化を図りたい
- ▶ ベテラン層の介護離職による事業運営への影響を回避したい
- ▶ メンタルヘルスの向上・疾患の防止により、組織の生産性を高めたい

3 概要

(1) 育児・介護と仕事の両立支援

(a) 本人への支援

- フレキシブルワークの整備

育児・介護者を支援する上で、フレキシブルワークの整備は最も実効性のある施策の一つです。具体的には働く「場所」のフレキシビリティを高めるテレワーク、働く「時間」のフレキシビリティを高める時差出勤やフレックスタイム、時間単位年休の導入などがこれに該当します。育児・介護者の日常では、家族の体調不良や突然の小学校の休校など、予測やコントロールができない用事が多く発生します。また通院の付き添いや送迎、PTAの活動など、半休を取得するほどでもない1時間単位の用事が多いという実態もあります。こうした中で、働く「場所」と「時間」を柔軟に選択することができる環境は有効なセーフティーネットになります。

フレキシブルワークの利用を育児・介護者に限って適用する企業もありますが、社員間の公平性や当事者の利用しやすさの観点からは、可能な限り広く、できれば全社員を適用対象とすることが望ましいでしょう。適用対象を広げることにより、フレキシブルワークを前提とした業務プロセスの見直し等が進みやすく、フレキシブルワークの利用が業務遂行上のハンディとならない環境整備にもつながります。さまざまな事情を抱える社員が、仕事で最大限のパフォーマンスを発揮できるようにするためには、このような職場環境を整えることが、今後多くの企業にとって重要な課題となるでしょう。

- 家事等のアウトソースの補助

家事・育児・介護のアウトソースは、日々の可処分時間（自由に使える時間）を捻出する上で有効な支援策です。典型的な取り組みとしてはベビーシッターや介護ヘルパー、介護施設、家事代行サービス等の利用料の補助が挙げられます。また、自宅介護の環境整備として、リフォーム費用を補助する事例もあります。

こうした金銭的補助を提供する場合に、出産祝い金のような現金支給とするかどうかは、適用対象者にならない社員との公平性の観点から、慎重な検討が必要となります。自社が育児関連事業を主としているなど、育児当事者を特に支援することについて大半の社員が納得できれば成立する場合もありますが、一般論としては、「必要な人が選択可能なメニュー」として提供することが、公平で中立的な制度といえます。

また、金銭的補助以外の形で支援するアプローチもあります。例としては、育児・介護の相談窓口の設置や、事業所内保育施設の運営（自社社員のみ／他社との共同利用）などが挙げられます。特に介護においては、事前の準備がない中で急に介護が始まり、短期間で体制を整える必要が生じるケースがあることから、専門家への相談体制は大きな助けになると考えられます。例えば、株式会社日立製作所では、会社制度を理解したケアマネジャーなどの外部の専門家に相談できる仕組みを導入し、介護保険サービスの利用方法や介護施設の情報について一括で提供しています（出所：同社ウェブサイト）。

• スムーズな復職の支援

復職前後の不安を払拭し、復帰直後のスムーズな立ち上がりを支援することも有効です。具体例として、休業中に在職者との面談・コミュニケーション機会を設けることで、希望する働き方について上司と擦り合わせることや、既に育児・介護と仕事を両立している先輩社員から生活上・業務上のアドバイスを提供することなどが挙げられます。また復職時に必要な手続きや、会社が提供するサポート内容をハンドブックとしてまとめる、マンツーマンコーチをつけるといったオンボーディングプログラムを提供するケースもあります。

• ライフプランニング支援

将来子どもを持つことを望む社員への支援として、不妊治療・卵子凍結への補助も広がりつつあります。例として、伊藤忠商事株式会社では海外駐在期間中（駐在に同行しない配偶者も対象）の卵子凍結補完費用や、海外で高額となる不妊治療の医療費の一部を負担しています（出所：同社ウェブサイト）。利用に当たっては不妊治療や卵子凍結への理解浸透が前提になりますが、従来は金銭的に選択肢になり得なかったライフプランの可能性を、ベネフィットとして提供している事例と捉えることができます。

なお、不妊治療等の金銭補助を行う場合は、保険化することによって個人のプライバシーを守ることができます。また金銭以外での支援例としては、私傷病休暇・積み立て休暇を不妊治療の通院に使えるようにすることも有効です。

(b) 職場環境や周辺社員への働き掛け

続いて、当事者本人ではなく、職場環境や周辺社員に対して補助やサポートをする場合のポイントについて、福利厚生以外の観点も含めて紹介します。

- 評価・報酬制度の見直し

まず評価・報酬制度の領域では、基本的なコンセプトとして、多様な人材の活躍を支える上では「時間」ではなく「アウトプット」に報いる考え方を採用することが適しています。会社としては社員一人ひとりが求められるアウトプットを出すことが最も重要ですが、家庭環境やバックグラウンドによって、長時間働くことが難しい社員もいるからです。時間当たり生産性を重視するのか、アウトプットの総量（生産性×労働時間）を重視するのかは、各社の事業内容や思想によって選択の余地がありますが、少なくとも、勤務時間の長さや取り組み姿勢を重視する制度・運用が残っている場合には、これを是正することが重要です。

- 上司のマネジメントスキルの向上

復職後のスムーズな立ち上がりを支援するため、上司のマネジメントスキルの向上を図るアプローチもあります。育児・介護者に限らず、直属の上司のマネジメントスタイルは部下のパフォーマンスを大きく左右することから、上司への介入・サポートが有効な打ち手となるケースは少なくありません。働き掛けの具体例としては、いわゆるマミートラックのリスク（育児休業から復帰した社員に、良かれと思って重要性の低い業務を割り当て、結果的にキャリアの選択肢を狭めてしまう事象）など、育児・介護者をマネジメントする上での典型的な留意事項についてインプットする、仕事と生活を両立する社員の生活について、動画やロールプレイ・座談会を通じて理解を深める、部下の復帰後の生活サイクルや業務の進め方について、定期的な対話を持つよう促す等が考えられます。

- 周辺社員の負担への手当

近年、多くの企業で育児・介護との両立支援策の拡充が進む中で、適用対象にならない社員にとって不公平であるという点も一つの課題として注目されてきています。特に、育児・介護休業を取得する社員がいて、欠員補充がない場合は、周辺社員の業務負担が純粋に増えてしまう実態があります。こうした負担感に対処する一つの方法として、三井住友海上火災保険株式会社では2023年より育児休業を取得する社員の同僚に対して、祝い金として最大10万円を支給する制度を導入しました。同僚のライフイベントを受け入れ、組織全体で支援する風土を醸成する一つの解として、追随する企業も増えています（「Case Study #3」〔次ページ〕参照）。

(2) 治療および治療と仕事の両立支援

(a) 治療の支援

前述のとおり、日本の社会人のメンタル不調は増加傾向にあります。また、職業人生の長期化によって、現役時代に病気の治療を経験する社員は増加すると予想されます。こうした中で、治療を目的とする離職や、逆に仕事を理由とする治療の中断を防ぐため、治療や通院を支援するアプローチがあります。具体的には傷病休暇の拡充や分割取得を認め、通院をサポートする取り組みが広く行われています。また、セカンドオピニオンを提供する医療機関の紹介や、医療相談窓口の設置、社内外のカウンセリングサービスの提供といった、金銭面以外での支援を行う事例もあります。

(b) 治療と仕事の両立支援

もう一つの観点として、傷病休暇後の段階的な復帰の支援や、治療が長期間にわたるケースに治療と仕事の両立を支援するアプローチがあります。具体的には、復職時の短時間勤務を認める、段階的に労働時間を増やすプログラムを提供するといった、主に労働時間の調整による支援方法が典型的です。また本人と主治医、産業保健スタッフ、人事部、上司等が、本人同意の下で情報共有・連携して復職計画を策定するというように、医療関係者を巻き込んで、職場の理解醸成を図る事例も存在します。

Case Study #3　三井住友海上火災保険株式会社

同僚のライフイベントを組織全体で受け入れ、支援する風土づくり

育児と仕事の両立支援の先進的取り組みとして、三井住友海上火災保険株式会社が2023年４月より導入した「育休職場応援手当（祝い金）」（以下、育休職場応援手当）のケースを紹介します。本制度は社員が産休・育休を取得した際、職場の同僚全員に祝い金として最大10万円の一時金を支給するもので、これまで主流であった育児当事者への支援とは異なる、新しい支援の在り方として大きな反響を呼びました。

❶　検討の背景

きっかけは2022年12月、春闘に向けた議論の中での、舩曳真一郎社長から人事部門への指示でした。人事部門の方針として、当該年度の春闘ではベースアップのほかに、リスキリング支援を提案したい旨を伝えたところ、社長から「リスキリングも重要だが、少子化問題に対して、一企業としてできる人的投資を検討してほしい」と指示を受けます。さらに「例えば、子どもが生まれた社員に100万円を支給する。２人目が生まれたら200万円、３人目が生まれたら300万円というのはどう？　これにかかわらず人事部門で検討してくれないか」という大胆な提案もありました。

同社ではそれまでも、「少子化問題に会社として取り組む」という社長の強い思いの下、少子化対策や産後うつ防止といった

Case Study #3

課題にトップダウンで取り組んできました。結果として、子どもが生まれた男性社員が1カ月間の育児休業を取得する運用が定着し、取得日数も伸びるなど、成果は着実に表れていました。そのため少子化対策においては、既に先進企業といってよい状況にありましたが、社長の発言をきっかけとして、従来の枠組みにとらわれない、新しい施策をゼロベースで検討することになります。

❷ 目的・ポリシー

同社の育休職場応援手当は、「社員の出産・育児を職場全体で心から祝い、快く受け入れて支える企業風土を醸成すること」を目的としています。

これを実現するため、制度設計のプロセスでは一貫して「男性」「女性」「育休を取得する人」「職場を支える人」といった、あらゆる属性の社員に対して、公平でバランスの取れた制度とすることを重視しました。育休取得者本人だけでなく、その代わりに職場を支える人、同じ育休取得者でも休業期間が長い人と短い人など、さまざまな社員の視点を考慮し、バランスの取れた制度になっているか、検証を重ねました。

❸ 施策概要

▶**支給対象**：同社では、風土醸成を目的に、多くの社員に訴求できるよう支給対象を広く設定しています。具体的にはパート・有期雇用社員を含む全社員1万8000人のうち、産休・育休を取得する社員と、同じ職場に属する社員全員が支給対象となります。職場とは課相当の部署（以下、課支社）を指し、半数以上が13人以下の組織規模です

▶**支給金額**：支給額は3000円～10万円の範囲で、①課支社の規

模、②休業取得予定期間（産前産後休暇を含む）の二つの基準に基づいて決定します。例えば、13人以下の職場で3カ月以上休業すると10万円、3カ月未満の場合は3万円が支給されます

▶**予算規模**：直近1年間（2023年9月～2024年8月）の給付実績は、495拠点9982人が対象となっており、数億円規模の支給を行っています

❹　検討の過程

1　概要設計

2022年12月の社長からの追加施策検討の指示を受け、翌1月、人事役員および担当者によるブレーンストーミングが実施されました。議論の初期段階では「3人目の子どもが生まれた社員に500万を支給する」といった案も出ましたが、一方で育児当事者に焦点を当てた支援ばかりを拡充すると、職場の不公平感や、当事者の肩身の狭さにつながるのではないか、といった懸念の声も上がりました。そうした中、同僚に祝い金を支給するアイデアが浮上し、人事役員や担当者の注目を集めたことで議論が前進します。その後、急ピッチで設計を進め、翌2月には社長に設計案を報告、3月に春闘で労働組合に提案、4月の制度導入を実現します。

2　詳細設計

詳細設計における大きな論点の一つが支給条件でした。当初は、性別によって支給額に差をつける思想とし、女性は最大10万円、男性は最大3万円としていました。これは同社の休業取得期間の実績を反映したもので、女性は産休を含めて平均17カ月、男性は平均37日の休業を取得している実態を論拠と

Case Study #3

していました。しかし、2023年3月に制度が世間に報道されると、社外から「素晴らしい制度だが、男女差がなければもっといい。改定の予定があるならば、ぜひ改定してほしい」「『男性は育休が短い』というステレオタイプを助長する」といった声が多数寄せられました。これを受けて人事部門は、性別でなく期間による区別としたほうが、本制度が本来表現したいバランスの取れた公平な制度という特性がより伝わりやすいと判断し、即日修正を決定します。当初の性別による区分も、説明の時間を取れる自社の社員には十分理解を得られる設計だったと考えられます。しかしこの修正を経て、社内外のより幅広いステークホルダーに対しても、趣旨が明確で、メッセージが伝わりやすい仕組みに改善したといえます。

支給条件を休業期間に変更したことで、次に論点となったのが、何カ月を閾値（いきち）に支給額を区分するのか、という点です。当初は6カ月以上で増額とする方向で検討していましたが、現状、男性の育休取得期間が1カ月程度の実績である中、6カ月はハードルが高い可能性があること、女性社員で産前産後休暇後（約3.7カ月）にすぐ職場復帰を希望する人にとって、「あの人が早く復帰したから、支給額が少ない」と周囲に思われる懸念がないように、といった点を考慮し、最終的には3カ月としました。期間の検討に当たっては、人事部門の各チーム、育休経験者、若手社員など、あらゆる立場の人に意見を聞くことで、可能な限り属性に中立的な設計を追求したのです。

❺ 導入後の反応・効果

▶**社内の反応**：導入後、人事部では社員へのヒアリングやサーベイを通じて、施策のフォローアップを試みています。育児当事者の周辺社員の反応として、課長層からは「課員みんなが喜んでくれて雰囲気が良くなった」「先輩社員の姿を見て、自分の将来の姿がイメージできて安心した」「自身のキャリアビジョンにも良い影響があった」といったポジティブな反応が寄せられました。また育児当事者からも、「『育休を取得する』と言いやすくなった」「業務を引き継ぐ相手も手当を受け取るため、気兼ねする気持ちが減った」「2人目の子どもの出産・育児が考えやすくなった」「育休に入るタイミングだけでなく、復帰した後の職場のコミュニケーションにも良い影響があると感じる」とったコメントが寄せられています。また、男性社員がより長期間、育休を取得する傾向も徐々に表れつつあります

▶**サーベイ結果**：2023年9月には祝い金の給付を受けた社員を対象に、施策による変化を問うアンケートを実施しました。手当の導入により、同僚が育休を取る場合の感情に変化があったか、0～10の11段階（10に近いほどお祝いの気持ちが高まった）で回答を求めたところ、「10」が最多の26.4％に上り、平均は6.07となりました。「0」を選んだ人は19.7％と2番目に多くなりましたが、理由として「手当がなくてもお祝いの気持ちがある」というコメントが複数見られ、必ずしも否定的な感情ではないと捉えています

▶**社外からの反応**：新卒・中途採用の場面では、本施策について「同僚の産休・育休を受け入れやすい」「自身が産休・育休を取得する場面で、申し訳ない気持ちが和らぐ」といったポジティブな反応が寄せられ、同社の人事部門は、以前にも増して「働きやすい会社」として認知されている手応えを得ています。また2023年3月の報道以降、先進的な取り組みであるとして、日本政府や企業、メディアなどから延べ数十件のヒアリングの申し入れがありました。さらに厚生労働省は

同社を先行事例として、同様の取り組みを行う中小企業事業主に対して、助成金の支給を開始しています（両立支援等助成金の育休中等業務代替支援コース）。こうした動きは、同社の少子化対策におけるリーディングカンパニーとしての認知度も高めたと考えられます

▶**今後の方向性**：本施策は、同僚の産休・育休を職場全体で祝い、受け入れ、支える風土醸成を狙いに導入され、導入後の丁寧なフォローアップを通じて、一定の効果が確認されています。同社では今後、育休・産休以外を含むあらゆる面で、社員がライフプランやキャリアパスを自律的に描き、実現できるよう、さまざまな選択肢を提示していくことを検討しています。ライフプランやキャリアパスを固定的なものと捉えず、各人が自身の望む人生を見つめ、選択できるような環境を追求する方針です

▶**その他**：同社では、2024年度から全社員の定時退社を経営目標に掲げて取り組んでいます。定時に退社することによって、育児や介護など家庭の「仕事」に参加しやすくなりますし、趣味や自己研さんなど一人ひとりのライフステージやキャリアビジョンに合わせて時間を使うこともできます。社外での気づきや学びを自身の成長につなげ仕事に活かしてもらい、会社の成長にもつなげていきたいとの考えです

❻ まとめ

本ケースでは施策検討の初期に、「少子化に企業として取り組む」というビジョンの下、「社員の出産・育児を職場全体で心から祝い、快く受け入れて支える企業風土」という、自社として目指したい組織像が明確に提示されました。このことが、社内外に対してメッセージが分かりやすく、共感する人材を惹

きつける施策につながったと考えられます。

また設計段階では、さまざまな属性の社員の立場に立ち、偏った支給になっていないか検証を重ね、細部にわたって合理的で公平な設計を追求しました。この点においても、今後の人材の多様化を前提とした中立的な福利厚生制度の設計プロセスのモデルケースといえます。

さらに、前例のない人事施策を４カ月という短期間でスピーディーに実現したことも、多くの企業にとって参考になるのではないでしょうか。新しいアプローチや大胆な施策であっても、自社の人事課題への深い洞察と、目指す組織像への強い信念の下、設計・導入を実現するリーダーシップが、今後の人事部門に求められています。

4 多様な人材の活躍を後押しするダイバーシティ経営

1 現状と課題

労働力人口の減少やグローバル化への対応、世界的な人権意識の高まり等を背景に、ダイバーシティの推進は多くの企業にとって経営課題となっています。日本企業において長らく中心的テーマとなっている性別のダイバーシティに加えて、国籍、年齢、性的指向・性自認、障害の有無、発達障害などの脳機能の特性など、さまざまな属性への配慮が求められます。

2 対象企業

本パートでは、以下のような観点から「多様な人材の活躍を後押しするダイバーシティ経営」を推進したい企業にとって有用な施策を紹介します。

- ▶ 女性の活躍を促進し、企業の競争力向上や優秀人材の定着につなげたい
- ▶ デジタル人材の獲得力強化のため、外国籍社員が活躍できる職場づくりを進めたい
- ▶ 労働力人口の減少・高齢化を背景に、シニア社員に長く活躍してもらいたい
- ▶ LGBTQのエンゲージメント低下やメンタルヘルスの課題を改善したい
- ▶ デジタル人材の獲得強化の一環でニューロダイバーシティを推進したい

3 概要

ダイバーシティを推進するために福利厚生制度を見直す際には、特定の属性に過度に手厚い制度としないよう、留意する必要があります。これは、従来の新卒入社・家族持ち・転勤ありコースの社員に対する手厚い福利厚生制度と同様、社員間の不公平感につながる可能性があるためです。制度を見直す場合のアプローチとしては、マジョリティーにのみ適用されてきた制度をマイノリティーにも拡大すること（例：婚姻関係にないパートナーに対するパタニティー休暇の適用）、通常は発生しないが一部の属性にのみ発生している負荷・不便に手当てすること（例：外国籍社員の日本語習得に対する補助）が主な方向性となるでしょう。

(1) 女性の働きやすさを高める施策例

さまざまな属性のダイバーシティが議論される中でも女性活躍は、資本市場の期待が高く、また人材獲得へのインパクトの観点からも、多くの企業にとって、引き続き“一丁目一番地”のテーマとなって

います。典型的な施策としては、仕事とライフイベントの両立支援策の拡充や、働く時間・場所の柔軟化、業務効率化による労働時間の短縮等が挙げられます。これらについては、「**3　多様なライフステージを支える両立支援**」（129ページ）と後掲「**5　多様なワークスタイルに対応する働き方改革**」（154ページ）のパートで詳細に触れています。中でもワークスタイルの柔軟化や可処分時間を増やす取り組みは、日本社会において今なお性別役割分業が根強く、家事・育児・介護を主に女性が担う実態を踏まえると、実効性の高い施策群であるといえます。

女性のキャリアアップ・キャリア開発の観点では、女性社員向けのスキル・キャリア開発研修やメンター制度など女性に対する働き掛けが主流ですが、それだけではなく、むしろ上司のマネジメントスキルへのテコ入れも有効です。多様なバックグラウンドやライフスタイルを持つ部下を考慮して、業務の割り振りや管理、日々のコミュニケーションの方法、相互理解の促進やアンコンシャスバイアス（無意識の偏見）の是正を進める企業は増えています。さらに男女賃金格差の是正や女性のキャリア形成の選択肢拡大を目的に、いわゆる「総合職」「一般職」といった職掌区分を廃止する、採用や登用などあらゆる人材マネジメントの場面で男女比率をモニターし、是正を図る等の動きも増えています。

その他の健康面の支援として、フェムテックを活用して月経前症候群（PMS）や生理痛、不妊、更年期障害、婦人科系疾患など、女性特有の不調・悩みに対処する取り組みもあります。具体例としては、健康診断における婦人科がん検診の組み入れ、専門の医療相談窓口の設置、卵子凍結のサポート、生理周期記録アプリの導入等がこれに該当します。

(2) 外国籍社員の働きやすさを高める施策例

事業のグローバル化やデジタル化、少子高齢化等を背景に、外国籍社員の獲得や定着・活躍が自社の競争力を高める上で極めて重要な経営課題となっている企業は多いでしょう。特に、外国籍社員を日本で採用したり、海外から日本へ転居させたりする場合には、十分な配慮や支援が必要となります。しかし現状は、日本で働く外国籍人材（正社員）の３割超が職場で「孤立している」と感じています。こうした孤独感はパフォーマンスや継続就業意向、会社の満足度に負の影響がある一方、会社の支援によって一定程度軽減することも分かっています（出所：パーソル総合研究所「日本で働く外国人材の就業実態・意識調査」〔2019年〕）。

外国籍社員が日本で勤務する際に、まず直面するのが言語の壁です。これを軽減するには、資料の日英版の作成や同時翻訳サービスの導入といった日々のコミュニケーション支援があります。中長期的には、各自が自律的に周囲と意思疎通できるよう、社員一人ひとりの英語／日本語学習を支援することが典型的です。これに加えて外国籍社員活用の先進企業では、これまでの日本人同士のコミュニケーションの在り方を見直し、新しいコミュニケーション文化を醸成することにも力を入れています。「ご進講」「ご査収」といった難解な単語や回りくどい文章、暗黙の前提を含むハイコンテクストな表現を用いず、バックグラウンドが異なる相手にも分かりやすい単語・表現に言い換えていくことを共通認識として徹底しています。長らく画一的な人材で構成されてきた日本企業では、日本人ですら社外からは理解できない用語が使われているケースがあります。外国籍社員の活躍に本気で取り組むのであれば、こうしたコミュニケーション文化の変革にも切り込む必要があるでしょう。

宗教・文化の相違から生じる生活習慣の違いに配慮するケースも出てきています。例えば、ムスリム教徒向けの礼拝堂の設置や食堂でのハラルフードの提供などに取り組む企業が昨今では増えています。これに加えて、有給休暇の取得に当たり母国の休暇に配慮する動きもあります。特に年末年始、ゴールデンウィーク、お盆のタイミングで休暇推奨日が設定されている日系企業では、外国籍社員が母国の慣習に基づくタイミングで休暇を取得しづらいケースがあります。こうした場合、他国の慣習や休暇のタイミングについて上司や職場全体に周知することが、外国籍社員の働きやすさにつながります。

また仕事の前段として、日本での居住・生活をサポートすることも重要な観点です。通常、地域自治体でのさまざまな手続きや不動産業者での賃貸契約等は、一定の日本語によるコミュニケーションが求められ、日本語を母国語としない外国籍社員には大きな負担となります。これらは日本人であれば直面しない追加的な負荷であり、人事部が代行・サポートすることには合理性があるでしょう。また、生活に必要な基礎的な日本語の習得を、会社としてサポートする事例もあります。

(3) 高年齢者の働きやすさを高める施策例

高年齢者の活躍を支える上で最も実効的なアプローチの一つとして、職業人生の早期からキャリア自律と自己啓発を促し、長期活躍の可能性を広げることが挙げられます。この点は「**2　多様なキャリアを支えるライフプラン支援**」の**【自己啓発・リスキリング】**(105ページ)のところで詳しく解説しています。

また、福利厚生からは離れますが、一定年齢になると仕事内容や役位によらず一律で報酬が減額となる制度が残っている場合、是正が必要です。年齢によらずに、社員一人ひとりの役割やパフォーマンスをきちんと評価し、引き続き高い貢献が期待できる人材の報酬については維持または引き上げ、逆に、貢献が少ない人材の報酬については引き下げることが求められます。その前提として、能力や成果に応じた処遇の仕組みとともに、マネジャーの評価能力を鍛えることが必要になるといえるでしょう。

その他には、体力や身体機能の低下を考慮した就業日数・短時間勤務の許容、製造現場における作業環境の整備（例：作業機器の配置や重量・高さ、照明の明るさ等の改善）が典型例です。また年齢による差別・偏見を是正するため、社員全体を巻き込んだワークショップ等によって、アンコンシャスバイアスの解消や相互理解を促す事例も存在します。

(4) 障害者の働きやすさを高める施策例

障害者の働きやすさを高める上では、ハンディキャップのある社員が仕事をする上での障害物をなくす、必要な設備や道具にアクセスしやすくするなどの職場環境の整備が重要です。典型的には作業現場での立ち仕事を車椅子のままできるようにする、数を数えることが苦手な人に補助器具を用意するなど、個々の特性に合わせた対応が求められます。

また近年、これまでの障害者雇用の枠を超えた「ニューロダイバーシティ」への注目が高まっています。ニューロダイバーシティとは、主に自閉スペクトラム症、注意欠如・多動症、学習障害といった発達障害のある人を対象に、一定の配慮を行いながら、その特性を自社事業に活かす考え方です。発達障害のある人が持つ特性は、データアナリティクスやITサービス開発といったデジタル分野の業務と親和性が高いことが指摘されており、外国ではIT・金融業等を中心に既に取り組みが進んでいます。具体例としてマイクロソフト社は、2015年より自閉症雇用プログラムであるMicrosoft Autism Hiring Programを開始し、約5年間で大学のデジタル分野の専攻課程を修めた170名の発達障害のある人材を雇用しました。その中からは、OfficeやXboxといった主力商品を扱うエンジニアも生まれています。このようにニューロダイバーシティにおいては、一般雇用の社員と同様の業務への従事も想定されており、この点でこれまでの定型業務を中心とする障害者雇用と異なる新しい考え方です。日本においても、特にデジタル領域の人材不足は顕著であり、これまでの採用プロセスでは見落とされてきた新しい候補者として今後取り組みが進むことが予想されます。

(5) LGBTQの働きやすさを高める施策例

LGBTQの働きやすさを高めるには、まず職場のさまざまな場面を点検し、当事者に疎外感を感じさせる事象を排除していくことが必要です。

例えば職場に存在するあらゆる男女表記を見直し、どうしても必要な場合を除いて廃止するか、中立的な選択肢を用意します。典型的には履歴書の性別欄をなくす、社内アンケートで性別を問う場合は「その他」「答えたくない」の選択肢を入れる、女性／男性トイレに加えて誰でも使用できるトイレを設置する、オフィス内の共用スペースに冬場のコート等を掛けるロッカーを設けている場合に、その区分を「男性用」「女性用」から「喫煙者」「非喫煙者」に変更する、などが挙げられます。また、こうした分かりやすい男女表記だけでなく、社員名簿で女性のみ赤字としていたものを、実務的に不要なので統一するなど細かい点まで徹底した見直しを行っているケースもあります。同様の文脈で、結婚休暇・パタニティー休暇等の休暇を、婚姻関係にないパートナーにも適用拡大する動きが見られます。

また職場でのアンコンシャスバイアスやマイクロアグレッション（意図せず相手を傷つけてしまうような言動）を防止・是正する経営メッセージの発信や研修の実施、レインボーパレード等のイベントへの参加といった取り組み事例もあります。これらは会社としてLGBTQを受け入れるスタンスを明示し、職場の理解醸成を後押しする上で有効と考えられます。

加えて、LGBTQに対して特別な配慮を行う事例として、外資系企業を中心に転勤先を調整するケースが出てきています。ムスリム系国家ではLGBTQが宗教的に認められず、転勤先で精神的な困難に見舞われる可能性が高いため、精神的な負荷を考慮し配置を行わないというものです。これはLGBTQ以外の社員では通常味わわない困難であり、追加的なサポートを行うことには合理性があると考えられます。

Case Study #4 株式会社メルカリ

多様な言語バックグラウンドを持つ社員間の「"Meeting Halfway"(歩み寄り)」を実現する言語学習プログラム

外国籍社員のダイバーシティ&インクルージョンを推進する先進的取り組みとして、株式会社メルカリが導入している言語学習プログラムについて紹介します。本制度は、世界50カ国以上から集まる多様な言語のバックグラウンドを持ったメンバーの、英語と日本語を使ったコミュニケーションと歩み寄りを実現するとともに、グローバル企業としての組織の成長の立役者になっています。

❶ 検討の背景

同社では「新たな価値を生みだす世界的なマーケットプレイスを創る」をミッションに掲げ、2018年ごろから本格的にグローバル化を志向し、海外から日本へのリロケーション（配置転換）を含めた外国籍採用を強化しています。これにより日本語話者中心の組織に英語話者が加わるようになった結果、チームとして協働する上で必要なコミュニケーションが十分取れないことが、喫緊の課題となっていました。それまでもGlobal Operations Team（以下、GOT）によるミーティング等での通翻訳サポートはありましたが、中長期的な人材の定着・育成、ひいてはグローバル企業としての持続的成長や競争力強化を目指す中では、日本語話者・英語話者のお互いが自立的にコミュニケーションを取る必要がありました。このニーズに応えるため、GOTで言語教育の取り組みを開始し、その後2018年10月に言語学習に特化したチームであるLanguage Education Team（以下、LET）が誕生します。LETでは、メンバーのニーズやレベルに応じたさまざまな言語学習プログラムの提供や、その他の言語支援施策を通じて、組織にとって最適な言語環境づくりをサポートしています。

❷ 目的・ポリシー

同社では、多様なプロダクトを作るためには、多様な目線からのインプットが必要であるという考えから、ダイバーシティ&インクルージョンを重視しており、すべての人が社内に居場所があり、受け入れられていると感じる職場風土の醸成を目指しています。言語カルチャーに関してもその価値観は大切にされており、言語レベルやバックグラウンドにかかわらず、誰もが安心して議論に参加できるインクルーシブな環境づくりを目標としています。そしてそのためには、完璧な日本語や英語を話せるようになることを相手に求めるのではなく、お互いが歩み寄り、理解し合うという“Meeting Halfway”（歩み寄り）の考えを全メンバーが持つことが必要不可欠であると考えられています。

❸ 求められる言語レベルの設定

日本語・英語ともに、ヨーロッパ言語共通参照枠「CEFR」に基づき、社員の言語レベルをBasic、Independent、Proficientの三つに分類しています（例：「Basic (Pre-A1、A1、A2)」「Independent (B1、B2)」「Proficient (C1 or above)」）。それぞれのレベルで、言語を用いて達成できる行動を、実務上の必要性に基づき詳細に記載する（例：「抽象的な話題や不慣れな分野でも、複数名の議論に参加できる」）ことで、メンバーのCan-do（できること）や期待値を明確にしています。

入社時にCEFRでの「口頭でのやりとり（話す・聞く）」のレベルを自己申告で登録することを社員に推奨しているほか、言語学習プログラムに参加する際には、レベル測定のためにスピーキングテストの受験を必須としています。またプログラムへの参加有無にかかわらず、レベル測定の目的でもスピーキングテストの受験は可能です。メンバーのテスト受験率は非常に高く、また日常的な会話の中で「このポジションはB2レベルが求められますね」といった会話がなされるなど、CEFRを指標に言語レベルを考えることが広く浸透しています。

❹ 言語学習支援策の概要

1 日本語・英語共通の言語学習プログラム

(1) プログラム名：やさしいコミュニケーション

“Meeting Halfway”の思想をベースとして「日本語学習者にとって難しい日本語」や「英語学習者にとって難しい英語」について学び、相手に合わせて理解しやすいコミュニケーションができるようになることを目標に、広く社員を対象としたトレーニングを開催しています。具体的には、二重否定のような文法的に複雑な表現を分かりやすい表現にすることや、一つの文に複数の人物や要素が含まれる表現は避ける、といったポイントが挙げられます。母語話者や上級話者と学習者がお互いに歩み寄り、コミュニケーションのベスト・プラクティスを模索しています。

(2) プログラム名：日本語・英語スピーキングテスト

日本語と英語のスピーキングテストはCEFRに基づいてスコアリングされています。プログラム受講中の社員はテストを定期受験し、会社のプログラムを受講していない社員もレベル測定のために受験することができます。

2　日本語学習プログラム

日本語レベルCEFRのPre-A1からA2を対象に、社内外で実際に遭遇した場面を題材として日本語を学ぶレッスンプログラムで、実践的な会話力を早期に習得することを目標としています。生活のための日本語が中心のプログラムと、業務のための日本語が中心のプログラムに分かれており、生活のためのプログラムはLETがCEFRに基づく教授アプローチを使ったカリキュラムを独自に作成しています。

3　英語学習プログラム

(1) プログラム名：集中プログラム

現在の英語レベルがCEFRのB1以下の人のうち、週5時間以上の学習時間を確保でき、かつ、英語での業務の頻度が高い人を対象に提供されるプログラムです。対象者はマネジャーの推薦等を踏まえて会社が決定します。原則として、自分の専門分野の会議での複数名とのやりとりが自立して可能なB2レベルの英語力の習得を目標として、個人にカスタムされたプログラムを受講する仕組みとなっています。受講者は「自信を持って1on1を行う」などの実践的な目標設定の下、英語コーチングによる伴走や、各学習者のレベルに特化したプログラムを受けることができます。継続的な受講には条件を設けており、半年に1回のテストで目標のCEFRレベルに到達することが求められます。

(2) プログラム名：オンライン英会話練習プログラム

パソコン・スマートフォン・タブレットからいつでもどこでも英会話のレッスンを受けることができるレッスンサービスです。言語レベルを問わず、ひと月に決められた最低受講回数を満たしていれば、継続的に受講することが可能です。

❺ 現在の運用状況、導入後の社内の反応・変化

2024年現在、同社ではグローバル全体の29.4％、エンジニア組織の56.8％を外国籍社員が占めています。海外で大規模な採用を行い、その一部は日本にも配置転換する中で、外国籍のメンバーからは、「言語サポートがあるという掲載を見て安心した」「日本に来て仕事をしてもよいと思えた」「学び合おうという考え方に共感した」といったポジティブな声が届いています。「やさしいコミュニケーション」をはじめとする各種施策が、外国籍のメンバーに孤立感を抱かせず、長期的に定着して働いてもらうことに寄与していると考えられます。

また、メンバーの言語学習に対する意欲が高い点も特徴的です。言語学習プログラム全体では毎年約500名以上がプログラムに参加（うち、英語プログラムの受講者が約75％、日本語プログラムが約25％）、英語学習の集中プログラムについては、2024年度の1年間で200名強が受講しています。また、やさし

いコミュニケーションや歩み寄りのマインドセットも、社内のあらゆるミーティングで言及され、広く浸透が進んでいます。トレーニングを受講した社員からは、「複雑な日本語を使っていたことに気づいた」「難しい言葉で長い文章を作っていた。日本語の構造を考えるきっかけになった」「英語学習への抵抗感が減った」といった声が上がっています。

❻　今後の課題

組織全体が急速に拡大する中、言語学習の効果を維持しながら、いかに施策の展開規模を拡大していくかが今後の課題です。これまでの言語学習支援は、自社の文脈を踏まえた独自のコンテンツ開発や、一人ひとりのレベルに合ったプログラムの提供など、LETのメンバーが相当の工数をかけて運営してきました。会社全体が拡大し、従来のオペレーションをすべてLETの内製で担うことは、既に難しくなっています。そのためベンダーに委託できるオペレーションや、AIなどの技術・テクノロジーを活用できる領域を見極め、コアとなるバリューを維持しつつ、スケーラビリティ（拡張性）を実現する学習プログラムの構築を進めています。

❼　まとめ

本事例は、同社のグローバル人材の獲得と、ダイバーシティ＆インクルージョンに対する「本気度」が表れた事例といえます。「言語レベルやバックグラウンドにかかわらず、誰もが安心して議論に参加できるインクルーシブな環境づくり」という明確なゴール設定の下、社員の行動変容に必要なあらゆる施策を展開しました。一般的によく見られる語学学校等の金銭補助にとどまらず、実際の業務を想定した独自の言語学習プログラムを開発・提供するなど、より実践的な学習支援を行っている点が特徴的です。また学習支援に加えて、「やさしいコミュニケーション」のコンセプトを掲げ、それまでの日本語話者同士のコミュニケーション文化にも切り込み、改革を進めた点も先進的です。同社ではこうした多角的な取り組みの結果として、言語習得やコミュニケーションにおける社員の行動変容を実現しているとともに、ダイバーシティ＆インクルージョンの先進企業としてのブランドイメージを、社内外に確立したといえるでしょう。

5 多様なワークスタイルに対応する働き方改革

1 現状と課題

2020年の新型コロナウイルス感染症の拡大を受けて多くの人々がテレワークを経験したことをきっかけに、フレキシブルワークに対する労働市場のニーズは顕在化しました。また「雇用の流動化」も相まって、業界によってはフレキシブルワークの有無やその自由度の高さが、採用競争力に直結する課題となっています。典型的にはIT企業や専門サービス業（コンサルティングファーム等）など、業務の性質上フレキシブルワークとの親和性が高い業界では、より先進的な施策で差別化を図ることが人材獲得に直結するテーマとなっています。

2 対象企業

本パートでは、以下のような観点から「多様なワークスタイルに対応する働き方改革」を推進したい企業にとって有用な施策を紹介します。

- 社員が業務に最適な場所・時間を選択することで、労働生産性を高めたい
- 先進的なフレキシブルワーク施策によって、優秀人材の獲得・リテンションを図りたい
- フレキシブルワークの導入や運用改善によって、社員エンゲージメントを強化したい

3 概要

(1) 働く「場所」の自由度を高める施策例

(a) テレワークの導入・運用改善

コロナ禍を経て日本でもテレワークの導入が急速に進み、導入率は約半数といわれています。これに伴って多くの企業が、モニター・タブレット端末などの備品支給・費用補助を通じた執務環境の整備、レンタルワークスペースの契約・確保といった施策を実施しています。また、テレワークが急速に浸透した結果、「運動不足になる、外出が減る」「オン・オフの切り替えが難しくなる」「コミュニケーションが取りづらく、業務効率が悪化する」といったデメリットも新たに認識されるようになりました。これに対して一部の企業では、コミュニケーション不足を補完するための懇親会費用補助や、運動不足や肩凝り解消のためのエクササイズやマッサージの費用補助、食事の宅配サービスやメンタルヘルスケアのアプリ提供など、テレワークを前提とした社員のウェルビーイングを促進するための施策を導入する動きがあります。

働く「場所」の柔軟化をさらに進める考え方として、これまでの全社一律・中央集権的なルール設定から各現場への権限委譲を進めることが考えられます。例えば、第4章で詳しくご紹介するコクヨ株式会社の事例では、自社の出社パターンとして、オフィス中心タ

イプ（週４～５日出社）、バランスタイプ（週２～３日出社）、在宅中心タイプ（週０～１日出社）の三つの選択肢を用意し、上長の承認を前提に、社員が効率的な働き方を選択できる仕組みを取っています。働き方は３カ月ごとに変更可能で、仕事の繁閑やライフステージに応じた選択が可能です。こうした「個別事情を考慮した柔軟な現場判断」を認める制度の運用に当たっては、自社が目指す組織像やフレキシブルワークを拡充する狙いを繰り返し社員に発信して共通認識を醸成すること、また管理職が高いマネジメントスキルを有することが重要になります。

(b) 居住地の自由化

働く「場所」の自由度を高めて他社との差別化を図る取り組みとして、ＩＴ企業を中心に居住地の制限を撤廃する動きがあります。ヤフー株式会社（現：LINEヤフー株式会社）では、ウェルビーイング向上によるパフォーマンスの最大化を目的として、2022年４月から全社員を対象に居住地制限を撤廃し、日本国内であればどこでも居住できるようにするとともに、通勤手段の制限・交通費の片道上限を撤廃しました。この結果、制度導入から４カ月で計130名以上の社員が飛行機や新幹線での通勤圏へ転居する等の変化があったといいます。また制度開始後、中途採用の応募者が1.6倍に増加し、特に一都三県以外の地域からの採用応募者数が月ごとに増加し、採用の強化につながったとのことでした。ＩＴ業界は特にリモートワークの導入率が高く、また、雇用の流動化の度合いも高いことから、こうした居住地の制限緩和が採用母集団の拡大に直結していると考えられます。

(2) 働く「時間」の自由度を高める施策例

社員のライフスタイルが多様化し、仕事以外の社会活動や私生活を大切にする社員がますます増える中で、働く「時間」の自由度を高める施策へのニーズも高まっています。こうしたニーズを受けて、勤務時間を前後に調整できる時差出勤制度、１カ月間など一定期間の中で繁閑に合わせて労働時間を調整できるフレックスタイム制度、年次有給休暇を時間単位で取得可能にする時間単位年休などは、比較的多くの企業で導入されています。これらは総労働時間を変えず、繁閑に合わせて時間をずらす制度といえます。

さらに自社の魅力を高める取り組みとして、労働時間自体を短縮し、社員が自由に使える「可処分時間」を増やすコンセプトを打ち出すことが考えられます。具体的には業務効率化等による労働時間削減やテレワークの導入・運用定着、有料特急車両の費用補助等による通勤時間の削減、労働条件の変更を前提に勤務日数を選択できる選択式週休３日制などがこれに該当します。

これまでの福利厚生は、住宅補助や家族手当のような金銭補助が主流でした。これらは社員にとって実質的に「第二の給与」であり、金銭以上の価値や意味をもたらすものではありませんでした。金銭に代わる訴求価値として「成長」や「安心」などさまざまなコンセプトが考えられますが、中でもあらゆる属性にとって共通して価値が高い概念が「時間」といえます。誰にとっても等しく有限で貴重な「可処分時間」の創出を、会社が福利厚生の一環として提供していくことが、今後企業が人材獲得競争を勝ち抜くための訴求ポイントになっていくと考えられます。

(3) 余暇やレクリエーションに関する施策例

これまでの福利厚生制度においてレクリエーション関係の補助は、住宅関連に次いで資源配分が多い領域でした。金銭的補助だけでなく、日系大手企業を中心に保養施設を有しているケースも多いでしょう。こうした保養所はスケールメリットにより安価で利用できるというメリットがある一方、利用実績を調査すると利用者の偏りが問題になることが多くあります。「あらゆる属性にかかわらず中立的で公平な福利厚生」を目指す場合には、見直しの対象となりやすい領域です。

今後のあるべき姿としては、家族構成や個人のライフスタイル・価値観が多様であることを前提に、保養所等の固定的な資産を保有するのではなく、カフェテリアプランのメニューに旅費の補助を組み込むなど、各自のニーズに基づき判断できる選択肢の一つとして提供することが望ましいでしょう。また、リフレッシュ休暇・ボランティア休暇など、独自の有給休暇の導入によって社員のリフレッシュを積極的に支援することも考えられます。

Case Study #5 DIC株式会社

生産性と働きがいの向上を目指した「ワークプレイス改革」

全社を挙げてフレキシブルワークの実現を後押ししている好事例として、DIC株式会社の「ワークプレイス改革」を紹介します。

❶ 検討の背景

同社では、2022年2月に発表した長期経営計画「DIC Vision 2030」の戦略の一つとして、「人的資本経営の強化」を掲げ、人的資本価値を最大化する戦略的人材ポートフォリオ構築の実現を目指しています。具体的には三つの重点施策【人材育成、人材流動性、エンゲージメント向上・組織力強化】とそれを支える「人事機能プラットフォームの整備」を打ち出しました。「人事機能プラットフォームの整備」には、人事制度やグローバル人事システムの構築、リスクマネジメント、カルチャー醸成など多岐にわたる施策が含まれますが、その重要な領域の一つに「働き方改革」があります。

同社では、2020年から「Work Style Revolution (WSR)」という取り組みを進めてきました。WSRは「働きがい改革」「ワークプレイス改革」「プロセス改革」の３本柱からなるプロジェクトであり、今回紹介する「ワークプレイス改革」はその一環に位置づけられる取り組みです。

ワークプレイス改革のきっかけは、コロナ禍における出社率の激減でした。「チームごとに机を並べ、全員が同じ時間に出社する」という当たり前の光景は、2020年４月の緊急事態宣言によって「誰も利用していない閑散としたオフィス」へと変わってしまったのです。こうした状況を受けて提起された課題が「オフィス空間の有効活用」でした。従来のオフィスには「全員が毎日出社する」ことを前提に一人一台のデスクがありましたが、在宅勤務と出社を各自が選択するハイブリッドワークが定着する中で、いかにオフィス空間を効果的に活用するかが大きなテーマとして浮上したのです。

❷ 目的・ポリシー

ワークプレイス改革のポイントは、業務内容に適した場所・機能・環境を各人が自ら選択する働き方を推進することにあります。これを「Activity Based Working (ABW)」と呼び、一人ひとりがさまざまなオフィス設備を活用して生産性と働きがいの向上に取り組むことに、この改革の主眼があります。

ワークプレイス改革の目的の一つである「生産性向上」という観点で目指しているのは、「労働時間（インプット）の最小化」と「交流の創出によるアウトプットの最大化」です。現在、営業やマーケティングを中心とした本社の事業部門は、「ABW」型オフィスを展開していますが、集中したいときに利用する

Case Study #5

「Focus」ゾーンや、複数人でミーティングやディスカッションなどの共同作業を行うための「Open work Team」スペースなどがあります。これらの中から仕事にマッチした場所や設備を各自が活用することで業務を効率化＝インプットを最小化するとともに、固定席では生まれにくかった他チームとの交流を通じて新たなビジネス機会を創出する＝アウトプットを最大化する――それが新たなオフィスの姿です。さらに、時間の使い方の自由度と柔軟性を高めることで、もう一つの目的である「働きがいの向上」の実現も目指しています。

❸ 施策概要

ワークプレイス改革の第一歩として、2023年2月に事業部門の約700名が勤務する本社のフロアが一新されました。この新たなオフィス空間は、「Communication（コミュニケーション）」「Cultivation（育成）」「Collaboration（協働）」「Concentration（集中）」の「4つのC」をコンセプトとして設計され、主に以下の四つの区画により構成されています。

Focus
一人の業務に集中して取り組めるエリア（原則私語・通話禁止）
※一部営業社員の声を受けて、最低限の会話ができるゾーンも設置されている

Open work SOLO
同じく一人の作業空間であると同時に、気軽な会話もしやすいオープンスペースになっているエリア

Open work Team
複数人でミーティングやディスカッションなどの共同作業を行うためのエリア

Social

給茶機・コーヒーマシーン等があり、息抜きに訪れることができるエリア

新フロアは本社ビルの２フロアに展開されており、各フロアそれぞれにこの四つのゾーンが設置されています。対象部門の社員にはフリーアドレス制も導入され、二つのフロアのどちらを使っても同じように業務に取り組めるようになっています。

一方、ワークプレイス改革を進める過程で懸念として挙がったのが「チーム内コミュニケーションの希薄化」でした。各自が在宅勤務を含めて自由に働く場所を選べるということは、チームメンバーの所在地がバラバラになり、メンバー間でタイムリーな意思疎通が取れなくなるおそれがあるということです。その対応策として、本社ビルの新フロアにはチーム単位で個人ロッカーを設置して、それを起点としてチームごとに緩やかに集まれるようにしました。また、全社として「勤務日のうち50％は出社すること」をガイドラインとした上で、各チーム内でのコミュニケーションを促進するために、ハイブリッドワークにおける業務の進め方に関するルールをチームごとに定めています。さらに、居場所確認システムを導入して「誰がどこにいるか」を常時可視化し、必要に応じて必要な人と直接会話ができる環境も整備しました。

「業務の目的や性質に応じて各自が働く場所を選ぶ」というABWのコンセプトの下、一人ひとりの自律性を高めること、そしてチーム内外のコミュニケーションを深めることを目指して、「ワークプレイス改革」は今もその挑戦を続けています。

❹ 検討の過程

ワークプレイス改革の実現は、経営陣のリーダーシップや一部の部署のみによって成し遂げられたものではありません。新オフィスの設計は、「みんなでつくる新オフィス」のスローガンの下、経営陣から従業員まで幅広い階層や年代の意見を取り入れながら進められました。

まず2020年11月、コロナ禍における「新しい生活様式」の下で「生産性向上につながるオフィス空間の有効利用」について検討するよう、経営からの発信がなされました。これを受けて、外部の専門機関とも協働しながら新たなオフィス環境の研究を進めるとともに、社員アンケートを通じて「求められるオフィススペースの在り方」についての意見収集も実施しました。経営トップへのヒアリングを基に作成したコンセプトの下、各部門から幅広い年代や性別の社員が参加したワークショップでの意見も踏まえて、新オフィスの設計や活用についてのコンセプトが言語化されました。それが、前述した「4つのC」です。

新しいオフィスの在り方については、階層や立場によって多種多様な意見やアイデアが出されました。経営陣からは業績拡大につながる「コミュニケーション」や「協働・協創」を重視する声が聞かれた一方で、小さな子どもがいて在宅勤務ではなかなか作業がはかどらない従業員からは「集中」できるオフィス環境を求める声も上がりました。こうして、経営陣・従業員にとって納得性の高いオフィスの在り方として、「4つのC」――Communication（コミュニケーション）、Cultivation（育成）、Collaboration（協働）、Concentration（集中）――というコンセプトは生まれました。

2022年5月の社内承認を経て工事が始まり、2023年2月、ついに事業部門（対象約700名）の新オフィスが完成しました。

ハイブリッドワークやフリーアドレス化に伴うコミュニケーション上の課題を解決するために、今後もチーム単位で設定するチームルールの重要性を社員に伝えていく考えです。この新フロアを最初のモデルケースとして、今後は働き方や課題が異なる本社の管理部門、そして工場の事務部門などへの展開も見込まれています。

❺　導入後の反応・効果と今後の課題

同社では、ワークプレイス改革に際して「Active & Challenge――触発し合い、変わり続けるためのワークプレイス」というビジョンを掲げています。その下で五つのコンセプト――「オープンコミュニケーション」「アグレッシブに挑戦し続ける」「変化を楽しむ」「自律的に行動する」「枠を超える」――を社内で共有し、改革の目的である「生産性」と「働きがい」の向上に向けて、社員が一丸となって取り組んでいます。

新オフィスで勤務する社員へのアンケートでは、「これらのビジョン・コンセプトに共感し、行動を起こしている」とする回答が9割に上り、およそ半数が「生産性」と「働きがい」の向上を実感しています。仕事の目的や性質に応じて働く場所を自律的に選択できることによって自由度が高まり、生産性や働きがいの向上につながっているという意見が聞かれています。

今後の課題は、一人ひとりが最も生産性が高まる場所を選ぶ自律的な働き方を実現するために、ハイブリッドワークの中でいかにして新オフィスの機能を最大限に発揮させるかにあります。同社では、業務効率化やコミュニケーション・協働機会の拡大による新たなビジネスの創出へとつなげていくために、新オフィスのさらなる活用促進を目指しています。

コロナ禍で20～30％程度だった出社率は、2024年の時点で約60％まで高まりました。しかし、ハイブリッドワークを前提とする中で必ずしもすべての社員がオフィスを活用し切れているわけではありません。今回の新オフィスによって「他部署とのコミュニケーション」は増えた一方で、「自部署とのコミュニケーション」は減ったという回答があることも事実です。リモートワークのみで処理できる業務が多くても、それはこれまで築いてきた仲間との信頼関係という「蓄積」があるからこそです。新オフィスの意義や価値を社内で共有し、一人ひとりがその機能を最大限活用することで、生産性と働きがいの向上を実現する。それが、これからのワークプレイス改革の目標です。

❻ まとめ

コロナ禍をきっかけとして、社会全体で「働く場所」に関する議論が活発になりました。業界や業務の特性によってその結論はさまざまであり、一層リモートワーク中心に舵(かじ)を切った企業もあれば、コロナ禍の鎮静化に伴ってオフィスへの回帰を強めた企業もあります。

同社では、“Activity Based Working” の考え方に基づき、「在宅かオフィスか」の二者択一ではなく、「勤務に最適な場所を各自が選ぶ」という自律性を重視した基本スタンスを明確に打ち出しました。その中で働く場所としての価値を高めるためのオフィス改革にチャレンジしている点に、この取り組みの大きな特徴があります。また、経営や人事・総務のトップダウンで改革を進めるのではなく、さまざまな立場やバックグラウンドを持つ社員一人ひとりの意見を集めて「あるべきオフィスの在り方」を定めたことも、全社を挙げて取り組む上での大きな推進力になっています。

ワークプレイス改革のさらなる拡大に向けては、「オフィスの機能を最大限活用することの意義や価値」に関する啓発活動と、「あるべき働き方」に関する社員との対話が鍵になることでしょう。経営から従業員までを巻き込んだ全社員参加型の働き方改革は、今もその歩みを続けています。

6 資産形成支援

1 現状と課題

寿命の長期化により、社員は現役時代から資産形成を行う必要性が高まっており、企業には社員の資産形成支援の役割が期待されています。既に述べたとおり、雇用の流動化を前提とした社会においては企業型DCが退職給付制度として適しており、また企業型DCは事業主が継続的な投資教育を行う努力義務があることから、企業型DCの投資教育を活用し社員の資産形成支援を後押しすることは理にかなっています。

2 対象企業

本パートでは、以下のような観点から「社員の資産形成」を支援したい企業にとって有用な施策を紹介します。

- これから企業型DCを導入し、投資教育により社員の自律的な資産形成を支援したい
- 企業型DCは既に導入しているが、投資教育の効果が出ておらず社員の関心が低い
- 企業型DCを既に導入しており、投資教育も一定の効果が出ているが、さらに資産形成を後押しするような内容に見直したい

3　概要

退職給付制度を「資産形成支援制度」と位置づけた場合、その役割に最も適した制度は企業型DC制度です。企業型DC制度では、運用結果の責任は社員が負いますが、企業は社員が適切に資産運用を行うための体制の整備に責任を負います。具体的には、加入者への継続的な投資教育、運用商品の選定・提示、DCの運営を委託する運営管理機関の評価（5年に1度）等です。企業が提供する枠組みの中で、投資教育を受けながら、実際に投資を行う機会が得られるという点で、特に初めて投資を行う社員にとっては、資産形成上、大きなメリットとなります。

一方で、既にDC制度を導入している企業において、DC制度が資産形成支援制度として十分に機能しているとは言い難い状況です。金融庁の金融審議会の資料によると、企業型DC制度を実施する事業主の81.5%が「継続投資教育を実施したことがある」と回答したのに対し、加入者で「投資教育を継続的に何回か受けた」と回答した加入者はわずか11.9%でした。また企業担当者のDCに関する悩みとして、「継続教育に関する事項」が59.0%と最も多くなっています**[図表3-15]**。したがって現状は、事業主は継続投資教育を形式的に行ってはいるものの実施方法や内容に課題があり、加入者には認識の薄いものとなってしまっています。資産形成支援制度としてDC制度を捉える場合、投資教育は最も重要な要素であり、参加者にとって真に有用で金融リテラシーの引き上げにつながる内容となるよう再検討する必要があります。

また多くの企業において、DC投資教育は運営管理機関に委託して行っています。運営管理機関は多数の投資教育の実績とノウハウがあり、一般的な投資教育メニューをカバーしています。ただし、運営管理機関に投資教育の委託を行う場合も、完全に丸投げせずに企画段階から事業主が主体的に関わることが必要です。例えば、後述するDCプランモニタリングレポート外の加入者のニーズや、事業主の要望、DC以外で伝えるべき内容（退職給付制度の内容等）を運営管理機関に共有し、内容や実施方法、難易度設定についてしっかりと打ち合わせを行う必要があります。

ここからは、投資教育の実施プロセスや、より発展的な投資教育の内容について検討していきましょう。

図表3-15　企業型DCにおける継続投資教育の状況

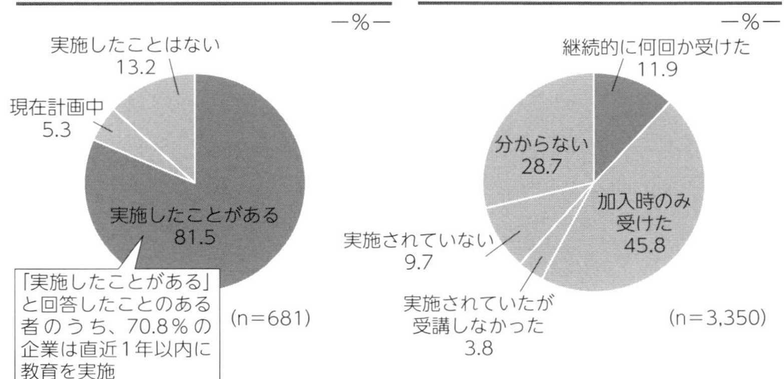

企業担当者のDC制度に関する悩み
（n=1,618、複数回答）

項目	%
継続教育に関する事項	59.0
加入者の理解不足	48.3
加入者の無関心	48.0
法改正への対応	41.4
事務の煩雑さ	28.9

継続教育を実施する際の課題・悩み
（n=1,313、複数回答）

項目	%
無関心層に対する効果的な方法が分からない	45.4
他の業務と兼務しているため、継続教育に割く時間が少ない	35.3
社員間の理解等のばらつきを少なくする効果的な方法が分からない	32.1
継続教育自体をどのような内容・方法で実施するか	29.6
継続教育に対する社員の反応、参加率の少なさ	26.4

資料出所：金融庁金融審議会「第26回　市場制度ワーキング・グループ・第６回　顧客本位タスクフォース合同会合」の事務局説明資料を一部改変

(1) 投資教育の実施プロセス

[図表3-16] は投資教育に係る一般的な実施プロセスです。

図表3-16 投資教育の実施プロセス

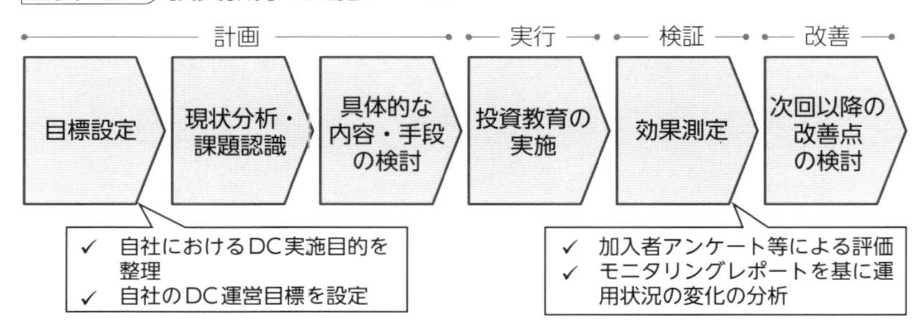

(a) 目標設定、現状分析・課題認識

まず前提として、自社におけるDC実施目的を整理した上で、長期的な目標設定の指針とすることが重要です。例えば「社員の資産形成支援」が実施目的である場合、最終的に目指すべき姿として想定されるのは「社員が金融リテラシーを高め、自律的に資産形成を行い、老後への金銭面での安心感を得る」ことです。その大きな目標を達成するに当たり、足元の社員の状況はどの段階にあるかを確認した上で、スモールステップで各継続投資教育の目標を設定していきます。

足元の状況を確認するのに最も適しているのは、運営管理機関から定期的に提供されるDCのプランモニタリングレポートです。このレポートからは、現在の加入者の運用状況（運用商品の選択状況、選択本数、利回り分布、商品預け替え・運用割合変更の状況、コールセンター・ウェブサイトの利用状況）を確認することができます。加入者のDCへの関心を示す指標としては、例えば元本確保型資産の配分割合・企業型DC加入者ウェブサイトのアクセス数、（選択制加入の制度の場合）DC加入率、マッチング拠出加入率等が挙げられます。これらの指標について運営管理機関の委託企業平均との比較や、数年単位での変化率を見て、現在の課題を認識し、数値目標の設定や内容の検討を行います。

また、金融リテラシー向上を長期的な目標とする場合、DCプランモニタリングレポートの分析だけでは十分といえない場合もあります。長期の資産形成にはライフプランニングや家計・資産管理の知識が不可欠です。老後の必要資金の準備には、DCに限らず企業の提供する退職給付制度全般の理解も深めたり、NISAやiDeCoといった社外制度も資産形成手段として検討したりする必要があるからです。これらの状況を確認するためには、社員アンケート等を別途実施し、理解度や関心度を確認した上で目標設定を行うことも必要となるでしょう。

(b) 具体的な内容・手段の検討、投資教育の実施

具体的な内容・手段の検討に当たり、ターゲットによって内容・手段を分けて行うことも効果的です。例えば、投資理解度に応じてコース設定を行う方法があります［図表3-17］。いわゆる無関心層（DCを定期預金などの元本確保型のみで運用している層）と一定の

図表3-17　投資理解度に応じて投資教育を行う例

	無関心層	中・上級者層
目標	• 資産運用の必要性を認識し、DCの運用を開始する	• 応用知識を身に付け、DC以外の資産運用にも役立てる
テーマ例	• 基礎知識（DC制度、投資、ライフプラン、手続き） • 自分に合った運用商品の選択方法 • 他の加入者の制度利用状況	• 新NISA、iDeCo、社内積み立て制度の活用 • 個人資産も含めたアセットアロケーション • マーケットの見方
	会社が提供する退職給付制度の理念、内容	
実施方法	• 対面研修、ロボアドバイザーツールを活用した参加型	• 関心に応じてコンテンツを選択できるe-ラーニング
	全員参加型の人事研修等に組み込むことで、一定のサイクルでDCや資産形成への理解を深める	
その他	FP個別相談（中立的な第三者であることが望ましい）	

投資経験がある中・上級者層では求める知識や効果的な実施方法、目標設定が異なります。無関心層については「資産運用の必要性を認識し、DCの運用を開始する」ことが目標となるため、内容はDCの運用を開始するために必要な基礎知識が中心となり、実施手段は対面研修やロボアドバイザーツールを活用した参加型等が好ましいです。一方で中・上級者層では、DCの基礎知識を理解していることの確認に加え、前述の金融リテラシー向上につながるような知識提供もしていくことが望ましいでしょう。実施方法は関心度に応じてコンテンツを選択できるe-ラーニング等も有効です。

また、年代別にコース設定を行う方法も考えられます。新入社員とライフイベントが発生しやすい30～40代、定年が近くなってきた50代ではライフプランの変化が生じるためです。この場合、全員参加型の人事研修等のタイミングに合わせて実施することも有効です。人事研修と同時に実施することで、10年ほどのスパンで定期的に自身のキャリアステージとともにライフステージを確認し、マネープランを見直す機会が提供されることとなります。

さらに、FP個別相談を併用することで、一斉研修では解決し切れない加入者の相談に応えることができます。こうしたサービスも運営管理機関においてオプションとして提供しているケースが増えてきています。

(c) 検証・改善

継続投資教育実施後は、効果検証を行います。効果検証に当たって用いるのは、現状分析・課題認識の時にも用いたプランモニタリングレポートと、実施後の加入者アンケートです。プランモニタリングレポートからは、定量的な指標の変化の確認により、投資教育の目的に応じた効果の達成状況を確認します。例えば投資教育実施直後のウェブサイトのアクセス数や運用指図の変更回数からは、投資教育がどの程度加入者の関心を高め、実際の行動に影響を与えたかを確認することができます。

加入者アンケートからは主に理解度や満足度を確認します。また、参加者の知識の定着を図るために簡単なクイズや確認テスト等を実施する場合もあります。理解度や知識の定着はもちろん重要ですが、難易度設定が適切であったかどうか、加入者の関心に沿った内容になっていたかどうか、また次回のテーマ設定の参考として加入者がどのような点に関心を持っているか等のニーズ確認も重要です。

さらに、アンケートに併せてコールセンターや個別に寄せられた質問内容を分析することも、加入者のニーズ把握には有効です。運営管理機関に投資教育を委託する場合、実施後のアンケートの結果や分析レポート、コールセンターへの質問内容の分析結果等の情報提供が得られます。

(2) 自律的な資産形成支援に資する投資教育

企業が社員への資産形成支援を行うに当たり、「社員が金融リテラシーを高め、自律的に資産形成を行い、老後への金銭面での安心感を得る」を最終的に目指すところとする場合、企業型DCの基本的な知識に加え、例えば以下のような発展的知識を習得することが望ましいといえます。

・運用の応用的知識（マーケットの見方、個人資産も含めた資産全体のアセットアロケーション）
・ライフプランニング（現役時代の家計管理や資産管理）
・セカンドライフプランニング（老後の家計管理や資産管理）
・公的年金や社会保障制度
・退職給付制度
・社内外の資産形成制度

上記テーマにおいても運営管理機関では大部分をカバーすることができます。また、ライフプランニングやセカンドライフプランニングについては実際に自分ごととして捉え、自身の状況に合わせた試算を行うことが肝要ですが、多くの運営管理機関は優れたライフプランシミュレーションツールを準備しています。このようなツールや運営管理機関のプログラムを活用して実際に手を動かす投資教育は有効です。

一方で、企業の提供する退職給付制度、その他の資産形成制度については、運営管理機関として定型的なプログラムを提供していません。したがって、この部分については運営管理機関と連携し、あるいは企業単独で、内容の検討を行う必要があります。

社内外の資産形成制度、保険制度について代表的なものをまとめると、**[図表3-18]** のとおりです。資産形成制度の利用や、いざという時の備えとして保険の加入を検討する場合、まず前段階としてライフプランニングにより各ライフイベントに必要な資金計画（いつ、幾ら）を立て、それに応じて①公的制度による保障、②会社の制度（全員加入）、③会社の制度（任意加入）、④社外の制度の順で内容を検討します。①と②については所与のものであり、不足する場合には③④の利用を検討することとなります。

したがって、自律的な資産形成においては、公的制度および会社の制度を理解することが重要であり、またそれを理解することは金

図表3-18 代表的な社内外の資産形成制度、保険制度

	資産形成		いざという時の備え
	老後の資金	その他のライフイベントへの備え	
社外の制度	NISA（つみたて投資枠） iDeCo	NISA（成長投資枠） 定期預金、普通預金	民間保険
会社の制度（任意加入）	DC加入者掛金制度、 選択型DC制度	持ち株会、財形	団体保険
会社の制度（全員加入）	退職給付制度 （退職一時金、DB、DC）	―	保険組合の付加給付等／遺族一時金・手当
公的制度	公的年金	―	健康保険／遺族年金

融リテラシーの向上および将来に対する漠然とした金銭的不安の解消にも直結します。その上で、不足部分については会社の制度（任意加入）と社外の制度の特徴を理解し、比較することでより自分に適した制度を選択し利用していくこととなります。企業としては、投資教育の機会を利用して定期的に企業の提供する制度やその理念を社員に伝えることで、制度の認知度や理解度を高めるとともに、社員の資産形成を支援する姿勢を示すことにもなります。

Case Study #6　三井住友信託銀行株式会社（三井住友トラストグループ）

全社員に向けた金融経済教育を実践して成果を上げている好事例

❶　検討の背景

三井住友信託銀行株式会社（三井住友トラストグループ）は、経営上のパーパスを「信託の力で、新たな価値を創造し、お客さまや社会の豊かな未来を花開かせる」と定義しています。当該パーパスの実現に向け、同社は社員一人ひとりのウェルビーイングを向上し「内発的な動機」を育むことが、お客さまや社会への価値を創出し「幸せ」や「成長」の好循環を生み出すと考えました。

そうした思いの下、同社は2023～2025年度の中期経営計画で「未来適合に向けた人的資本強化」のテーマを掲げ、社員のウェルビーイングを高め自律的なキャリア型人材を育成することを目指しました。特に、金融を本業とする同社においては、社員のファイナンシャル・ウェルビーイングを高めることが専門性の強化と企業価値の向上にもつながると考え、重点的に取り組みを行うこととなりました。

❷ 制度方針・骨格

同社は、初めに社員のファイナンシャル・ウェルビーイングを「将来のライフイベントを適切に把握し、賢い意思決定によりお金に関する不安を解消させ、未来に向けて自律的に行動できる状態」と定義しました。その上で、年金（DC）ビジネスで培った高品質な投資教育ノウハウを基軸に、全社員に向けた金融経済教育を実施することとなりました。

また、ファイナンシャル・ウェルビーイングの実現には「学ぶ（知識習得）／把握（家計把握・ライフプランニング）／相談（悩みや疑問の解消）／行動（金融商品・サービスの活用）」の四つのプロセスが必要となると整理し、プロセスに沿って資産形成の実践方法を案内していくこととしました。

❸ 施策

1 人事部門からのメッセージ配信

金融経済教育の実施に先立ち、福利厚生（DC等）や家計金融資産の把握手段として、人事部長より全社員にスマートライフデザイナー（資産管理機能、ライフプランシミュレーション機能が付いた同社のスマートフォン・アプリ）についてのメール配信を行い、ダウンロードおよび活用を促進しました。また、人事担当役員より、人的資本投資および社員のファイナンシャル・ウェルビーイング実現についての理念や施策内容の動画を配信し、社員の理解を深めました。

2 全社員向け金融経済教育：ライフプランニング（e-ラーニング）

同社は、将来を見据えたライフプラン・マネープラン策定の観点からは、制度全般を俯瞰（ふかん）して理解することが重要であると考えました。そこで、公的年金・退職金・社内外の資産形成制度・給与等処遇の内容を解説し、社員の理解を深めました。さらに、アプリを活用して当該制度すべてを含む将来収支を把握する方法についても解説しました。また、FP等の専門資格者に個別相談できる「社員向け相談窓口」の活用も促進しました。

❸ 全社員向け金融経済教育：福利厚生の有効活用（動画配信）

「株式インセンティブプラン（株式報酬・持ち株会）」「DC（マッチング拠出／iDeCo）」「団体保険」など、福利厚生の活用方法を解説しました。また、社員の家族も視聴できるよう金融経済教育の学生向けプログラムの配信も行いました。

❹ 導入効果

以下のようなポジティブな取り組み効果が見られました。

・社員意識調査において、満足度を示すスコアが64.3pt（前年比＋1.2pt）、活性度（エンゲージメント）を示すスコアが62.5pt（前年比＋2.0pt）に上昇
・持ち株会については、奨励金増額の効果も大きく、年間拠出額が2.5倍に増加。企業型DCの投資行動においては、投資信託の選択率が78％（新入社員92％）、およびマッチング拠出の活用率が69％（新入社員97％）と業界平均を大幅に上回る
・教育講座受講後の社員の反応は、「将来のライフイベントの把握に役立った」「福利厚生の活用方法等、意思決定に役立った」「お金に関する不安が少しでも解消できた」等、87％がポジティブな反応

また同社は、これらの取り組み内容や実施効果について、統合報告書等を通じ対外的な開示を行いました。

❺ まとめ

同社は、経営上のパーパス実現や人的資本投資の文脈において、ファイナンシャル・ウェルビーイングの実現が企業にとって必要な取り組みであることを明確にしました。そのビジョンを社員と共有し、目指すべき姿を「将来のライフイベントを適切に把握し、賢い意思決定によりお金に関する不安を解消させ、未来に向けて自律的に行動できる状態」と定め、それを実現するための具体的な教育内容を決定しました。さらに、全社員向けの教育としてライフプランニングや福利厚生制度の活用についての解説を行うことで、社員の満足度やエンゲージメントの向上にもつながる結果となりました。

7 雇用の流動化の中でリスクに備える保険

1 現状と課題

福利厚生制度の中で社員個人が抱える“リスクへの備え”として機能している補償メニューは多くの企業で一般的に導入されています。今後、公的なセーフティーネットである社会保障制度が弱まっていき、併せて雇用の流動化も進展していく中で、企業が提供する福利厚生における“リスクへの備え”はどのような変化が求められるのでしょうか。

“リスクへの備え”として機能している福利厚生制度は、大きく分けて次の三つの領域があります。個人が抱える経済的なリスクについては、退職給付制度パート（「6　資産形成支援」〔165ページ〕）で紹介した老後リスクと併せて、４大リスクといわれています。

・健康リスクへの対応
・死亡リスクへの対応
・就業不能リスクへの対応

これらのメニューは社員やその家族の生活を守るためになくてはならないものですが、社会保障が弱体化してくるとなれば、コアな福利厚生メニューとして今後ますます重要度が増していきます。また、病気やけがによる長期間の職場からの離脱や突然の死亡といったリスクは、これまでの終身雇用を前提とした社会では、企業が（雇用は維持したままでの）「休職」や（専業主婦世帯を想定した）「遺族保障」などの枠組みで支えていました。しかし、メンバーシップ型の人材マネジメント方針を採用してきた多くの日本企業では、長期勤続になるほどより手厚く補償される制度や、長期在籍を前提としたメンバー同士の相互扶助のための福祉共済会等があり、雇用の流動化になじまない制度設計になっています。社会保障の弱体化と雇用の流動化が進む中で、“リスクへの備え”を再構築することが企業にも個人にも求められているといえるでしょう。

加えて、国による社会保障が弱まり、企業が丸抱えで社員のリスクを補償し切れなくなる中では、個人が自ら“リスクへの備え”に対して主体的に考える必要性も高まります。しかし現在は、会社からの補償制度のほかにも健康保険組合独自の付加給付や、共済会からの給付、労働組合の組合員向けの補償等、提供主体が分かれており、どのリスクに対して、どこから、どれくらい補償されるのか、社員にとって分かりにくく、複雑な制度立て付けになっている会社が数多くあります。社員一人ひとりにとってシンプルで分かりやすく、各自のニーズに合わせて必要な“リスクへの備え”を取捨選択できる仕組みへと転換していくことが必要になってきています。

2 対象企業

本パートでは、以下のような観点から“リスクへの備え”の在り方を見直したいと考える企業にとって有用な施策を紹介します。

- ▶ 中途入社者が増加する中で、勤続年数等の要件による不公平が顕在化しつつある
- ▶ 法定福利費の上昇や健康保険組合の財政悪化に伴って、社員に対して十分な補償を提供できなくなりつつあると感じている
- ▶ 会社制度（保険を含む）のほかに共済会や労働組合等、提供主体が複雑に分かれており、運用の負荷も大きく、社員からも分かりにくい仕組みになっている

3 制度変更のポイント

今後ジョブ型雇用の人材マネジメント方針が主流となり雇用が流動化していく場合、“リスクへの備え”として機能している福利厚生制度とするには、以下の検討が必要になります。

(a) 中途採用者にも公平な制度

治療、死亡、就業不能については、誰にでも等しく発生リスクがあります。したがって、新卒採用の社員、中途採用の社員にかかわらず、本人の努力ではどうしようもできない過去の勤続年数等によって、補償の有無や補償水準に差をつけるべきではないと考えられます。

(b) 会社がリスクを抱え過ぎない制度

メンバーシップ型雇用の下では、在籍している限り何があっても社員とその家族の生活は会社が守るべき、という考え方で福利厚生制度が設計されていますが、これは、市場取引をベースとしているジョブ型雇用には合わない考え方です。この点に関して、ジョブ型雇用への大きな流れが見られる近年、急速に進んでいるのが会社制度の保険化です。例えば、就業不能リスクへの対応として、多くの

企業では健康保険から支給される18カ月の傷病手当金の受給を終えた後も働くことができない社員を支え続ける何らかの補償制度を設けています。この補償制度を団体長期障害所得補償保険（GLTD＝Group Long Term Disability）を導入して保険化することで、社員にとってはより長期に経済的な安心を得ることができ、企業にとっても長期の支払いリスクを避け、またその事務負荷をアウトソースできるというメリットがあります。

(c) 自助努力を促す分かりやすい制度

ジョブ型雇用の下では、社員にはキャリア自律が求められるように、“リスクへの備え”についても当然ながら、社員の自助努力が求められると考えます。そのためには、社会保障を補完する会社提供の福利厚生制度について、提供主体や補償内容、その対象者を極力シンプルに整理し、社員が自助努力すべき領域を“見える化”しておくことが重要です。その上で、自助努力の選択肢として、団体割引が適用される任意加入の団体保険等のラインアップが充実していると、社員にとってもメリットが大きいといえるでしょう。

Case Study #7　H.U.グループ

共済会制度の廃止、健康保険組合の統合を行い、新しい福利厚生保険制度を導入した事例

ここでは、グループ内の統合を機に、あるべき福利厚生制度に見直したH.U.グループ（日系ヘルスケア企業）の事例を紹介します。

❶ 見直しの背景

Ｍ＆Ａ戦略により成長してきたH.U.グループは、グループ内の各社で異なる人事制度が残っており、各社がそれぞれ制度を運用していました。

数年前から、人事制度の最も重要かつ根幹を成す等級、評価、退職金等の制度統合および変更を進め、その後、残りの福利厚生制度の統合を行いました。その際、既存制度に合わせるだけの統合ではなく、これからの時代に求められる福利厚生の形を追求し、共済会制度の廃止、健康保険組合の統合、そしてこれらの変更を受けて新しい福利厚生保険制度を導入しました。

見直し前にH.U.グループが抱えていた課題は以下のとおりです。

①社員間の公平性の欠如

▶社員区分や勤続年数により受けられる給付に差がある

▶グループ会社ごとに福利厚生の給付水準や社員区分範囲が異なっている

▶グループの健康保険組合を立ち上げていたが、一部のグループ会社は別の健康保険組合に加入しており、保険料率や保険給付水準に差異がある

②一部の給付メニューの時代遅れや提供主体間の重複

▶共済会制度（傷病補償金から子の成人祝い品に至るまで、ライフイベントに応じて多岐にわたる慶弔関連給付をカバー）の一部の給付メニューが時代に合わなくなっており、利用率にも偏りがある

▶会社制度や健康保険給付との重複があるなど、連続性が低い

▶一部のグループ会社で「福祉共済会」という制度方式で福利厚生の一部を運用しているが、30年もの間、見直しがなされていない

❷ 見直しの目的

①「就業不能リスク」の受け皿となる制度の統一

▶従来の制度では、「就業不能リスク」への対応について会社か

らの休業補償に加えて共済会や健康保険組合等からの給付により複合的にカバーしており、またグループ会社ごとに枠組みが異なっていたが、これをシンプルに統一することで利用しやすくする

②社員間の提供内容の公平化

▶勤続年数によるバラつき（入社後間もないとほとんど補償がないケースも含めて）を解消する

▶共済会に加入できない社員区分を統一する

❸ 見直しのコンセプト

統合後の新制度は、「社員にとってあるべき給付の実現」「給付水準の全社員統一」「社員負担の軽減」をコンセプトとして設計し、グループとして、時代の変化に合わせて働く社員が、より安心して働き続けることができる、統合的で新しい制度への転換を図ることにしました［図表3-19］。

一つ目のコンセプトである「社員にとってあるべき給付の実現」は、具体的には“H.U.グループで働き続けるための支援”と“時代に即した給付”を意味します。“H.U.グループで働き続

図表3-19　コンセプト実現に向けた施策の具体的内容

統合コンセプト		コンセプト実現に向けた施策の具体的内容
社員にとってあるべき給付の実現	H.U.グループで働き続けるための支援	•ダイバーシティの観点 （入社時年齢、婚姻や子の有無、就業や働き方の変遷等、従業員を取り巻く多様化する価値観に対する公平なサポートの実現） •リテンションの観点 （介護・私傷病等を原因とするやむを得ない退職を減少させるための安心サポートを実現）
	時代に即した給付	•医療、健康、ライフサポートに関する手厚い給付 •世の中的にニーズの低い時代遅れの給付を撤廃
給付水準の全社員統一		•在籍年数や職責による給付額の相違を撤廃し、公平感ある給付を実現
社員負担の軽減		•福利厚生制度運営における社員の掛金をゼロに

けるための支援”とは、一つはダイバーシティ推進の観点から、多様な価値観を持つ社員に対して中立的で公平なサポートを提供することを指します。もう一つはリテンションの観点から、介護・私傷病等を原因とするやむを得ない退職を減少させるために「安心」を社員に提供することも意味しています。また、“時代に即した給付”とは、時代の変化に伴うニーズの変化に即して時代遅れとなった給付は撤廃する一方で、医療、健康、ライフサポートに対して手厚い給付を実現することを指します。

二つ目のコンセプトである「給付水準の全社員統一」は、在籍年数や職責、正社員か非正社員かによって給付額に相違がないようにし、社員間の公平性をより一層担保することを目指すものです。

三つ目のコンセプトである「社員負担の軽減」は、福利厚生制度を運営する基盤において、社員による拠出金に依存することのない基盤を構築することを意味します。

これら三つのコンセプトに基づき、H.U.グループは福利厚生制度のグループ内の統一を進めました。

また、共済会制度は、多岐にわたる慶弔関連給付をカバーしていましたが、互助共済方式から、より時代に即した自助福利の給付の実現を可能とする方式へと転換するとともに、グループ間の給付格差の是正や統合的かつシンプルな制度運営の実現を目指した改革を行いました。

❹ 新制度設計

では、これらのコンセプトに沿ってH.U.グループはどのように新制度の設計（制度変更）を行ったのでしょうか。30年以上続いてきた福祉共済会は一定の役割を果たしてきましたが、その給付項目は、もはや時代の変化とともに変わりゆく世の中のトレンドや価値観の多様化に追従できていないばかりか、統合制度構築に向けた福利厚生としては環境適応が非常に難しくなってきていました。

そこでH.U.グループは、会社提供の福利厚生制度、共済会制度、健康保険組合の給付の３要素の構成と、それらの総合的な水準を損なわないようにすることを念頭に置きながら、共済会給付メニューの見直しに着手しました。そして、H.U.グループで働き続けるための支援に当てはまる制度、今の時代に合った給付（世の中のトレンドとして増加傾向の医療・ライフサポート関係）は残す一方で、これらに該当しない給付は廃止することとしました。

そして、福利厚生制度統合の三つのコンセプトに基づく検討を重ねた結果、30年以上続いた福祉共済会を解散し、新たな福利厚生保険制度を導入することを決定したのです。

❺　新しい福利厚生保険制度

ここからはH.U.グループの新しい福利厚生制度の中でも、今回の制度変更の目玉となった福利厚生保険制度にフォーカスして、解説していきます。新しい福利厚生保険制度のポイントは、以下の四つの制度の導入や見直しでした。

＜「就業不能」や「死亡」リスク対応のアップデート＞

①GLTD（団体長期障害所得補償保険）制度の導入による補償の長期化・中立性の拡大

②弔慰金規程における年齢や扶養家族要件の撤廃

③社員個人のニーズに応じて補償を選択できる任意加入型団体保険制度のラインアップ整備

＜少子高齢化時代を支える「仕事と介護の両立支援」＞

④介護休業補償制度の導入

Case Study #7

1 「就業不能」や「死亡」リスクへの対応

GLTDは福利厚生を目的として欧米企業で導入が進んできた、長期の就業障害時に所得を補償してくれる保険制度です。日本では1994年に政府の認可が下りて以降、在日外資系企業を中心に普及してきており、現在では日系企業にも一般的になってきています。

GLTDは、病気やけがにより長期間にわたって働くことができなくなった場合に、一定の免責期間後に、健康時の収入の一定割合部分を一定年齢まで補償する保険です。会社が契約することによってのみ社員も加入することが可能となる、いわゆる団体保険と呼ばれるものです。保険料は、会社が負担する全員加入部分と、その上に社員が任意で負担して追加ができる任意加入部分の2階建てにして柔軟な組み合わせが可能という点においても優れています。

[図表3-20] のとおり、旧制度では、5年、10年といった本当に長期にわたる就業不能または就業制限状態の場合、健康保険組合による傷病手当金と共済会による傷病補償金の支給が途切れた後は補償がなくなってしまうという課題がありました。また、グループ内でも共済会の有無によって補償内容が変わること、勤続年数が短い中途入社者では給与補償される期間が短くなることなども課題でした。これらが、GLTDを導入した新制度の場合は、社員区分・勤続年数にかかわらず最長65歳までの長期補償になり、会社の制度（全員加入）の上乗せとして、社員の任意で補償を買い増しできるようになりました。

また、共済会は月額給与を基本とし退職までの給付しかありませんが、GLTDでは退職後も一定年齢までの給付が継続可能であることから、短期的にも中長期的にも共済会の傷病補償金より手厚い給付が可能となる点も、非常に優れている部分です。

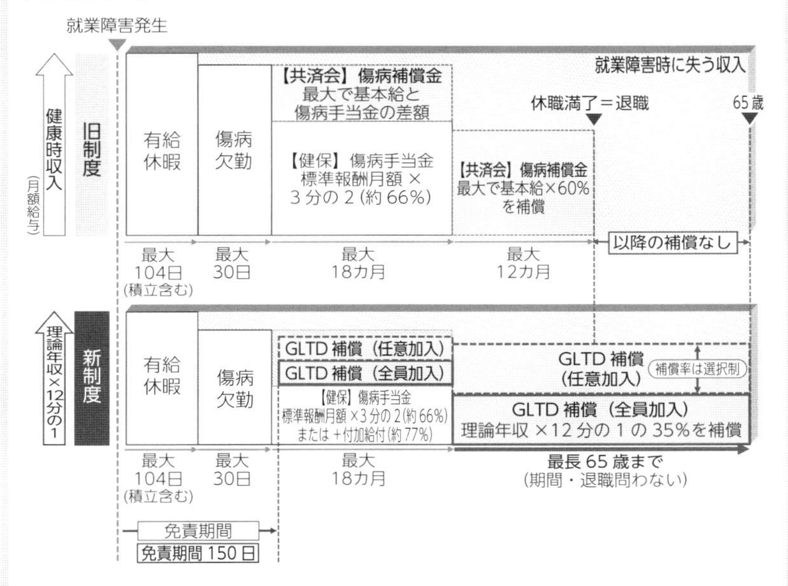

次に「死亡」リスクへの対応もアップデートするため、弔慰金規程も今回の新制度のコンセプトに合わせて見直しました。従来、H.U.グループには年功序列のグレードに合わせた一時金＋扶養家族の有無により加算される弔慰金の仕組みがありました。新制度ではこうした属人的な家族の有無による上乗せやグレードによる金額差は付けず、各社員の年収比例の金額を弔慰金とすることで、より公平性の高い制度にしました。

さらに「就業不能」や「死亡」を含む広範なリスクに対する備えとして、任意加入型団体保険制度のラインアップ整備にも新制度の重要なピースとして取り組みました［図表3-21］。

前述のとおり、今回、共済会制度を全面的に廃止し、そこで提供していた給付メニューのうち重要度の高い所得補償や介護補償は会社提供の保険制度として残すことにしました。共済会

図表3-21 新しい福利厚生保険制度の全体像

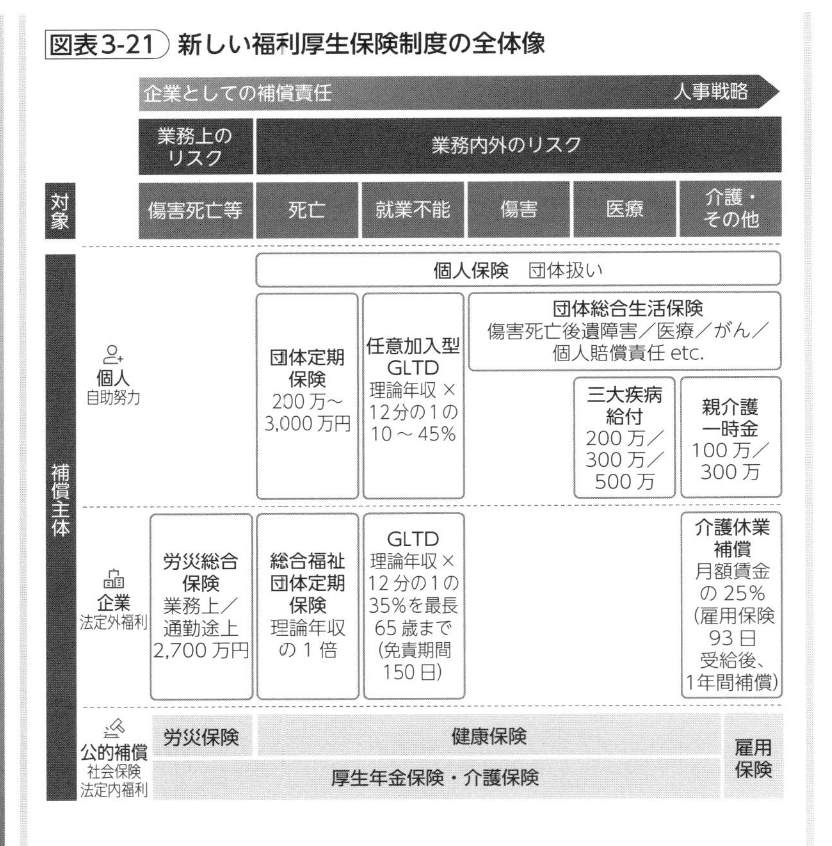

制度では会社と社員が掛金（費用負担）を折半していましたが、新制度では全額会社負担（社員負担なし）としました。これは、新制度において今後の給付をすべて会社が丸抱えすることを意図するものではありません。会社が社員に提供している保険制度の“見える化”と、任意加入型団体保険制度のラインアップ整備により、社員に対し自助努力を促すことを意図したものです。なお、共済会制度時の給付メニューについては、各社員が自身のニーズに応じて、自分の意思で必要な補償の買い増しができるようにすることで、すべて確保しています。

セーフティーネット関連の保険制度において会社の団体保険制度を使うメリットは、大規模団体の割引により、個人で保険に加入するよりも安い保険料で有利に加入できること、会社の補償制度との連続性をもって管理しやすいこと等が挙げられます。

2　仕事と介護の両立支援

最後に、少子高齢化時代における「多様なライフステージにおける両立支援」の一環として、「介護休業補償制度」の導入も新制度の大きなポイントです［図表3-22］。この制度は、雇用保険からの介護休業給付金（休業開始時月額賃金×67％を最大93日）の受給後に、休業開始時月額賃金の25％を最長１年間補償するものです。共済会の給付メニューにもあったものですが、新制度においても、H.U.グループで働き続けるための支援に有効であること、かつ、今の時代に合った給付であると考え、継続することにしました。

図表3-22「介護と仕事の両立支援」の制度設計イメージ

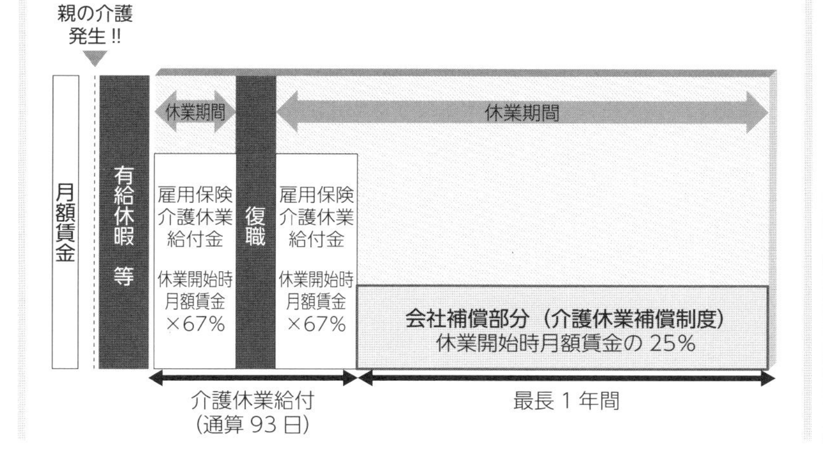

Case Study #7

Case Study #7

介護については、本人は健康である以上、長期に介護休職してもらうというより、介護と仕事の両立を支援することが企業としては重要です。そのため、リモートワーク等の柔軟な働き方ができる環境整備と、介護環境を整えるための一時金支給などもポイントになります。H.U.グループは、共済会制度からの制度継続と併せて、社員が任意で加入できる「親介護一時金」の団体保険制度も併せて導入しました。

❻ まとめ

このようにH.U.グループでは、グループ内の制度統合を機に、会社としてあるべき福利厚生デザインを考え、長年手を付けられなかった共済会制度にメスを入れました。すなわち、給付メニューを棚卸し・精査した上で一部を保険化しました。これにより、福利厚生保険制度全体のバランスを取ることができるようになったのです。

今後、ジョブ型雇用の潮流から雇用の流動性が高くなると、旧態依然の提供主体が複数ある複雑な福利厚生制度や、属人的または年功序列等により給付に差がある不公平な制度は労働市場から敬遠される可能性が高まります。各種保険制度を"見える化"し、スケールメリットを生かした任意加入型団体保険のラインアップの充実で自助努力を促す動きは、今後の日本企業の福利厚生制度改革において当たり前に求められるのではないでしょうか。

8 経営への影響力を高める福利厚生制度改革の在り方

本章の最後に、人件費の中で一定の比重を持つ福利厚生制度の見直しを進める上で、どのように「経営に対する影響力や説明性」を高めるかについて考えてみましょう。

1 改革を実現するための福利厚生制度全般のコスト再配分

これまでの議論のとおり、大半の企業は、多様な人材のニーズに応えていくために、従来の福利厚生制度を改革していく必要があります。しかし、そこにはコストという大きな制約があります。第1章でも記載のとおり、過去30年間のトレンドを踏まえた場合、福利厚生費の内訳として法定福利費は上昇の一途をたどり、法定外福利費は横ばいもしくは微減となっています。

少子高齢化の影響で、今後も法定福利費が膨れ上がっていくと仮定した場合、法定外福利費の大幅なコスト増に対して寛容になれる企業はそこまで多くはないでしょう。そうした状況を踏まえると、福利厚生制度の改革を進めていく上で鍵となるのは、人事制度との不整合や、受益者に偏りがあり社員への提供価値が陳腐化している制度群の改廃となります。

もちろん、人的資本経営の中で人材への投資の一環として福利厚生への投下コストを引き上げられるのであれば、それに越したことはありません。しかし、多くの企業では提供価値が陳腐化している制度群を見直すことで予算を確保し、その予算で、新たにニーズが発生している制度群の充実を図るという形が実態でしょう。つまり今後の福利厚生制度改革においては、各制度間の「コスト配分の見直し」は避けて通れません。

このようなニーズに対応する上で、マーサーが2023年から提供している「福利厚生ポートフォリオ診断」があります。福利厚生ポートフォリオ診断は、現時点で企業が総報酬のうちどの程度福利厚生費にコストを投下しているのか、さらに法定外福利費の中でどの領域にコストを投下しているのかを第１章で示した５分類（住宅支援、リスクへの備え、生活・就業支援、健康支援、文化活動支援）をベースに可視化します。本診断を受けることで、現行の福利厚生制度におけるコスト配分の現状を把握し、そもそもの企業の「意図」と「実態」の間に乖離がないかを確認できます。なお、コスト配分については経団連の福利厚生費調査の結果を参照し、同調査における平均的なポートフォリオと比較することによって、自社の福利厚生の特徴を検証します。

多くの企業で課題となるのが「住宅支援」への偏重です。この傾向は、これまで「福利厚生が手厚い」というイメージを持たれがちな日系大企業に多く見られます。なぜ日本の伝統的な企業で住宅支援への偏重が発生しているのかは第２章でも詳述しましたが、実際に企業の人事担当者との議論では､「住宅支援の偏重」という事実は把握している一方で、それを客観的に示すことができず、手付かずになっているケースが多いことがうかがえます。福利厚生ポートフォリオ診断では経団連平均のポートフォリオと受診企業のポートフォリオを比較することが可能であるため、診断結果によって客観的に自社が住宅支援に偏重していることが分かるケースも多くあります。なお、経団連平均は、日系企業の住宅偏重の傾向を反映しているため、経団連平均に比しても突出して住宅支援にコスト配分がされている場合、まさにそれは「過度な」偏重といえるでしょう。

上述のとおり、福利厚生制度改革はコスト配分の変更、つまりポートフォリオの組み直しによって進められることが多くあります。よくある見直しのケースとして、住宅支援財源を取り崩した先として以下のような分野へ配分を強化する例が見られます。

①「雇用の流動化」や「人生100年時代」に対応したキャリア自律やリスキリング支援の拡充
②育児や介護、病気療養などと仕事との両立支援を中心とする生活・就業支援の拡充
③社員の心身の健康維持・向上支援の拡充
④社員の「安心感」醸成のためのリスク（死亡や就業不能、健康、老後生活）への備えの拡充

①の「キャリア自律やリスキリングへの支援」については、企業の経営環境やビジネスモデルの変化によって求められるスキルも変わりやすくなり、また内容も多様化・高度化する中で、社員一人ひとりが自律的に学びを広げられる環境を積極的に整備する企業が増えています。これまでは企業が同一の世代や階層を一堂に集めて行っていた階層別研修を、e-ラーニング等も活用しながら専門分野・技術別に各自が選択できる形へ転換するケースもあります。社員側も、平均寿命の延びに伴って就業期間が長くなる中で、会社にキャリアやスキルアップを委ねるのではなく、職業人生における目標を定め、その実現に資する社内外にある機会を積極的に捉え、自律的に能力を高めていくことが求められています。企業側は、意欲ある優秀な人材を引き留めるためにも、それに応える環境を整備することへの投資を増やしていくことが求められています。

②の「両立支援策の拡充」については、育児・介護と仕事を両立する社員に対して、社内託児所の整備や、介護相談窓口の設置等の施策として実施するケースが増えています。なお、企業によっては住宅支援コストの適正化に伴って生じた財源の使い道を一定制度の範囲内で社員に選ばせる柔軟性の高い制度につくり替えるケースもあります。

③の「心身の健康維持・向上支援の拡充」については、定年年齢や再雇用期間の延長に伴うシニア世代の増加やメンタル疾患リスク

の高まりに対して、社員が健やかに働き続けられる環境を提供する重要性が増していることが背景にあります。健康診断や保険提供などの「受け身」の施策にとどまらず、社員食堂等を通じた健康的な「食」へのサポートや、カフェテリアプラン上のポイントと連動させた「運動」促進の仕掛けなど、社員の行動を後押しする「攻め」の施策を提供する企業もあります。

④の「リスクへの備えの拡充」は、これまでの「専業主婦世帯」を前提とした遺族保障中心の団体保険のラインアップを見直し、「共働き世帯」に対してニーズのより大きい就業不能保険領域を強化する意図で使われることが一般的です。

いずれにせよ、福利厚生ポートフォリオの組み直しに際しては、減らす領域と増やす領域に対しても、他社ベンチマークで一定のKPIを設定するなど、「感覚」ではなく「データ」に基づいた改革を進めていく必要があります。後掲の「Case Study #8」(196ページ)では、実際に福利厚生ポートフォリオ診断から福利厚生制度の適正化を進めた製造業の事例を紹介していますので、併せて参照してください。

2 経営からの「効果測定」の要求への対応

福利厚生制度の効果測定方法は施策内容によっても異なりますが、基本的には利用実績のモニタリングや、サーベイ・ヒアリングを通じたフォローアップが主なアプローチとなります。福利厚生制度の利用総数や利用者属性が導入時の狙いどおりに増加し、多様化しているか、また各種サーベイ・ヒアリング結果を通じて社員の満足度やエンゲージメントの向上につながっているかを検証します。また、施策によって誘発したい社員の行動について、定量的にモニタリングすることも有効です。例えばリカレント教育や自己啓発の増進を目的に施策を導入した場合は、社員の勉強会の開催数や研修の受講率等を定点観測することで検証することが考えられます。

❸　費用の多くを占める「住宅関連費用」の見直し方

これまでの福利厚生において、住宅関連費用は最も大きな原資配分を占めてきました。主に社員への説明負荷の大きさから、廃止や見直しのハードルは高いテーマです。中でも会社命令で転勤する社員に対して転勤社宅を廃止・見直すことはより難易度が高く、多くの場合は転勤制度自体の廃止・現地採用への切り替えのタイミングで検討することが現実的と考えられます。

そのためここでは、転勤者以外が利用する厚生社宅・寮や住宅補助について見直しを行う場合を取り上げます。まず留意点として、日系企業では一部の社員に社宅・寮を提供し、社宅・寮が適用されない社員に対して、バランスの観点から住宅補助を提供しているケースがあります。この場合、両施策についてバランスを考慮し、同時に改定を進める必要があります。

住宅手当を廃止する実務的アプローチの一つとして、住宅補助を単純に減額するのではなく、カフェテリアプランに移行する方法があります。カフェテリアプランのメニューの一つに「住宅補助」を組み込み、必要な人がこれを選択できるようにするのです。従来、住宅補助を受給していた社員にとっては、レジャー等に使えるポイント数が目減りする点で不利益な改定にはなりますが、住宅補助へのニーズが高い人はカフェテリアプランから引き続き選択できるという点で、廃止に比べて緩やかな見直しといえます。カフェテリアプランの１人当たりのポイントで、これまでの支給額をカバーできない場合は、減額分について移行措置を取る場合もあります。典型的には３～５年の移行期間で、段階的に支給額を減額します。会社として社宅・寮を保有・提供している場合も同様で、これまでの社宅・寮の代替として、カフェテリアプランにおいて住宅補助を選択可能とすることが考えられます。

次に、社員コミュニケーションにおけるポイントです。基本的には「住宅関連費用」のみについて個別交渉を行うのではなく、福利厚生制度の総額で交渉を進め、原資の再配分であるという説明を主軸とします。それでも社員個々人のレベルでは住宅関連の受給額が減額となるケースはあり、そうした社員から強い反対が想定されます。これに対しては、まず現行制度における属性別の手当受給額のモデルを作成し、格差や不公平が生まれている現状を、定量データを用いて明確に伝えます。同時に、会社が目指すビジョンを繰り返し発信し、改革の必要性について理解を得ることも重要です。短期的な損得に議論を終始させず、目指すビジョンへの共感を得た上で、それに向けて必要な改革であるというストーリー全体に対する理解を得ていく必要があります。

4 一部の社員にとって「不利益」な変更となる場合の対応

不利益改定を伴う見直しにおいては社員コミュニケーションが最大の難所になります。この場合、住宅手当や補助などの個別項目ごとの交渉ではなく、総額交渉を基本とすること、目指すビジョンや戦略に沿った原資再配分の必要性に理解を得ること、また現状の受給格差をつまびらかに共有すること等がポイントであることは、上述のとおりです。

一方、「不利益改定」に対する捉え方自体も変えていく必要があります。これまでの福利厚生は労使双方から「生活給」として捉えられてきた面があり、そのことが制度改革を遅らせてきた一つの要因でした。しかし本来の福利厚生は、単なる生活給ではなく、非金銭報酬ならではの訴求価値によって、自社のカルチャー醸成や、労働市場における競争力強化を実現するポテンシャルを有する枠組みです。人材獲得競争が激化する中で選ばれ続ける企業であるためには、自社の戦略や市場動向を踏まえて、より機動的に福利厚生制度を見直していく必要があります。こうした福利厚生の位置づけの変化について、社員にも理解醸成を促し、これまでの「会社が人を守り、人が会社に従属する」関係性から「会社と人が互いに選び合う」対等な関係性へとシフトしていくことが、本質的には求められています。

❺ 「人的資本可視化指針」への対応

最後に、昨今資本市場において注目が高まっている「人的資本開示」との関連性についても触れておきましょう。これまで述べてきたように、福利厚生制度は自社の理念や社員へ伝えたいメッセージを自由度高く組み込むことができる枠組みです。その意味で福利厚生制度は、自社の社員に対して、どのような考え方の下でどのような人的投資をしているかを広く社会へ知らせることができるプラットフォームであるともいえるでしょう。

人的資本開示において最も重要なのは、自社の事業戦略と人的資本投資とのつながりが独自のストーリーで分かりやすく語られていることです。政府が示す「人的資本可視化指針」の19項目について、スタンプラリーのように網羅しようとするアプローチは、むしろストーリーの明確さや独自性を低下させるため推奨できません。あくまで自社の財務パフォーマンスに対して人的資本投資がどのように影響するのか、投資家目線で分かりやすく表現することに焦点を当てる必要があります。そのための実務的なプロセスとしては、開示前の最後のチェック項目として、「人的資本可視化指針」を確認するような活用方法が適切です。

典型的には女性活躍やダイバーシティ、健康経営、キャリア形成支援などのテーマにおいて、福利厚生制度が関係する場合があります。開示情報の具体例としては、DEI（ダイバーシティ、エクイティ、インクルージョン）の推進体制、健康経営のKPIとしての禁煙達成人数や休暇取得率、DEI推進に向けた社内規定の改定（例：介護休暇等の戸籍外のパートナーへの適用拡大）などがあります。福利厚生は報酬に比べ、“自由演技”が可能な施策であり、自社のストーリーの独自性を強化する効果が期待できます。

Case Study #8

Case Study #8　E社

多様な人材の能力発揮を目指した福利厚生制度改革

E社は、「多様な人材の能力発揮」を目指すべき組織像として掲げた人材マネジメント改革を行っていました。さまざまなバックグラウンドやライフスタイルを持つ多様な社員の新たなニーズに対応できる環境づくりを目指して、属人的手当（家族手当、家賃補助における扶養有無での差異）をなくすなど、福利厚生制度全般の見直しを進めました。

❶ 見直しの目的

「多様な人材の能力発揮」という組織像に向けて、属性にかかわらず各自が持つ能力を発揮できるように、自分ではコントロールできない生活上の負担・不安の除去を支援すること。

❷ 見直しのポイント

上記の達成に必要な財源を捻出するために、能力発揮とは無関係に提供されている手当類や福利厚生メニューを改定または廃止すること。

❸ 見直しのステップ

まず、従来の制度が「どの領域に優先的にコストを配分しているのか」「逆に、どの領域にはうまくコストが配分されていないのか」を検証するために、福利厚生ポートフォリオ診断を行いました。その結果、【住宅支援】関連に経団連平均を上回る割合で配分されており、支給水準という点でも経団連平均と比較して十分に高いことが分かりました。加えて、「多様な人材の能力発揮」という観点で鍵となる【生活・就業支援】への配分割合は経団連平均と同程度であり、特に「育児支援」の領域においては経団連平均と比べても充実した水準が支給されていました。その一方、【リスクへの備え】に関する領域、特に「遺族保障」のメニューと、「単身赴任手当」や一部の「国内出張旅費」については劣後していることも分かりました。また、各メニューの「利用状況」について調べてみると、【住宅支援】領域や「社内託児所」のメニューは、月額コストが高い一方で利用率は低い現状が見受けられました。

こうした現状分析を受けて、具体的な見直しに向けた検討が行われました。「多様な人材の能力発揮」を後押しするために「生活上の負担・不安の除去を支援する」という目的に照らして、強化すべきことと抑制すべきことを整理しました。

まず財源の捻出という観点から「抑制」したのは、【住宅支援】の領域です。それまでの制度では、「扶養者の有無」によって「家賃補助」の上限額に差異がありました。これは（「能力発揮」とは関連がない）個人の属性によって支援内容にギャップがあることを意味します。多様な人材が能力を発揮する組織を目指すという観点から、この差異を廃止することとしました。これにより捻出した財源は、他社と比較して劣後していた「単身赴任手当」や「国内出張旅費」へと振り向けました。

併せて「強化」したのは、【リスクへの備え】の領域です。それまでは、各種保険や慶弔金等の制度が企業のみならず労働組合や共済会などからも提供されていました。これを企業による提供へと一元化した上で、他社と比べて劣後していた「遺族保障」の充実を図りました。その中で、遺族保障の充実に加えて、団体長期障害所得補償保険（GLTD）導入の検討が始まりました。これは、本章の「**7　雇用の流動化の中でリスクに備える保険**」（176ページ）でも紹介したとおり、勤続年数にかかわらず同じ期間の補償が提供されること、そして複数年以上の長期にわたる就業不能または就業制限状態の場合にも補償が受け取れるという点で、「多様な人材」が活躍することを前提とした組織には適しています。

❹　まとめ

こうしてＥ社は、長い期間の中で積み上げてきた福利厚生制度を、組織の目的や構造の変化に合わせて「最適化」することに成功しました。その成功の鍵は、個別のメニューの改廃や見直しを場当たり的に進めるのではなく、ポートフォリオ診断というツールを用いて自社の福利厚生制度の「過剰」や「不足」を可視化したことにありました。多くの企業の福利厚生制度は、さまざまな歴史的な経緯を経て、幾つもの領域が複雑に絡み合った構造になっています。一つひとつのメニューの単位で見れば「過剰」であっても、社員や関係機関の立場から見れば「既得権益」となっており、簡単に見直しに着手できないこともあるでしょう。結果として、「能力発揮」という点で後押しを必要としている人材に十分な支援が届いていないケースも多いはずです。「福利厚生コストの可視化」を活用したＥ社のチャレンジは、こうした状況を打破する一つの方法であるといえるでしょう。

福利厚生制度改革
：実例編

コクヨ株式会社

福利厚生制度の抜本的改定・原資の大幅な再配分を実現

本章では、福利厚生制度の抜本的改定・原資の大幅な再配分を実現した事例として、コクヨ株式会社の取り組みを詳しく紹介します。

同社は2017年、「コクヨらしさ」を表現するキーワードとして「PLAY WORK」を掲げました。この言葉には、「世の中の人々が、仕事や学びに、より楽しく豊かに向き合えるような工夫や創造に努める」、そして「そのためにはまず社員自らが、働き方や仕事の仕方を『PLAY WORK』と呼べるものに変化させ、自信と誇りを持てるようにしよう」という思いが込められています。こうしたカルチャーの実現に向けて、同社はオフィスの移転や基幹人事制度の改定など、さまざまな改革を進めてきました。福利厚生制度もこの一環で、「PLAY WORK」を表現し、社員の行動変容を促進するための大幅な改定を行っています。

2020年4月に改定した新しい福利厚生制度では、社員が「PLAY WORK」を実践しチャレンジし続ける前提として、「可処分時間」を増やすこと、また人材の多様化に対応した、公平で選択の自由度の高い福利厚生とすることを重視しました。改定の過程で、難易度の高い住宅関連の原資の再配分を実現している点も見どころです。

❶ 検討の背景

同社の福利厚生制度は約20年間大きな改定がなく、かねてよりVUCAのビジネス環境に即した、また個人のライフスタイルや働き方・価値観の多様化に対応するために、アップデートが必要と考えられていました。こうした中、福利厚生制度改革の直接的なきっかけとなったのは、2018年４月の基幹人事制度の改定です。役割等級の導入により、従来の年功序列を廃止し、成果と処遇をより直接的に連動させる新たな人事制度では、成果を出すための柔軟な働き方の推進や、社員がさまざまなライフステージで挑戦できるよう支援することが必要とされました。そのためには、福利厚生制度を改革し、新しいカルチャーを醸成することが不可欠でした。改革は当時のタスクフォースが主導する形で、黒田英邦社長とひそかに協議しながら進められました。2018年７月から約５カ月間にわたる経営議論でコンセプトや基本骨子を策定した後、約１年間の労使協議を経て改定・導入を実現しています。

❷ 現状分析

骨子検討に先立ち、現行の福利厚生制度の詳細分析を行いました。具体的には原資ポートフォリオの確認、市場ベンチマークとの比較、属性モデル別受益差、といった定量分析のほか、社員アンケートを通じて現行制度に関する課題やニーズも調査しました。

この結果、福利厚生の支給水準は他社と比較して競争力がある一方、社内での分配の仕方に課題があることが可視化されました。外形基準（婚姻区分・子どもの有無等）や転勤による受益差が大きく、社員の不公平感につながっていたのです。具体的には年間の支給額につき、独身世帯主を１とした場合、子どもが２名いる世帯主とは10倍、これに転勤が加わると20倍の受益差があり、受給者の最高額と最低額を比較すると百万円を超える受益差が発生していました**［図表4-1］**。同社は当時、国内拠点が中心で、転勤は限定的だったこともあり、限られた対象者に偏った支給実態となっていました。こうした現状の課題意識が、住宅関連の原資の再配分と、属性に中

図表4-1 旧制度における組合員間の年間受益差（比率）

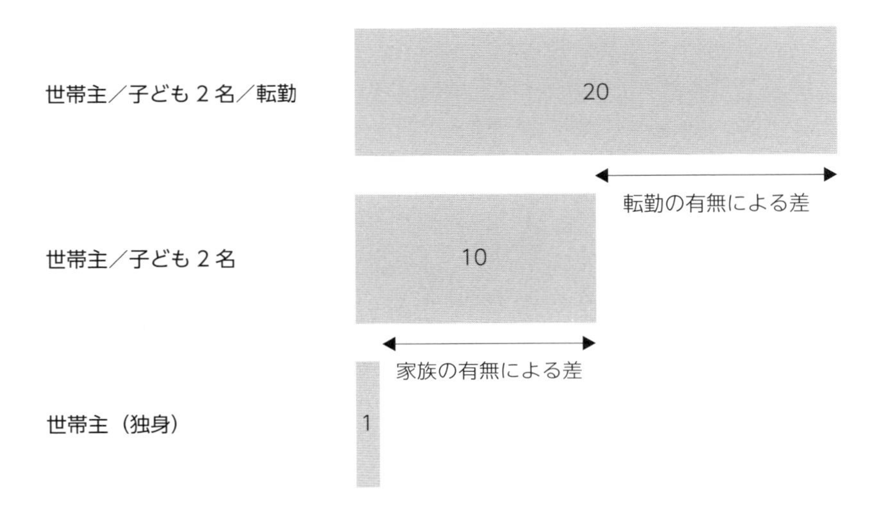

立的な福利厚生の構築という、抜本的改定をドライブしていくことになります。

現状分析ではこのほか、社員とのワークショップを通じた調査も行われました。その結果、社員はリスキル・アップスキルに対する会社の期待や、新しいチャレンジの重要性は十分理解している一方、日々の仕事や家事に追われ、時間が捻出できないという声が多く上がりました。また、当時フレキシブルワークの制度は一部導入されていましたが、仕事の進め方が従来と変わらない中で、利用が進まないという声も寄せられていました。こうした実態を踏まえ新制度では、社員の日々の時間の使い方を変え、「可処分時間」を増やすべく、フレキシブルワークの整備・浸透を推進することになります。

❸ 改定の目的・方向性

社員の「PLAY WORK」の実践と、新商品・新事業へのチャレンジを促すべく、新しい福利厚生制度は主に二つの方向性で検討されました。

> **①社員の新しいチャレンジの前提として、「可処分時間」を増やすフレキシブルワークの整備**
> **②人材の多様化に対応し、より属性に中立的で選択の自由度が高い「PLAY WORKマイレージ」（フレックス・ベネフィット）の整備**

フレックス・ベネフィットとは、従来のカフェテリアプランをベースに、レジャーなどの文化活動支援にとどまらず、その他の会社諸制度を含めて横断的に個人が選択可能とする制度です（第２章参照）。同社の場合、従来のカフェテリアプランをベースとしながら、新たに住宅関連補助をベネフィットに組み込んでいます。

改定方針の議論に際し、自社の人材マネジメントにおける新福利厚生制度の位置づけについても議論が交わされ、単なる「生活給」ではなく、「新しいカルチャーを創るためのファンド」であるとの再定義がなされました。こうした整理が、会社の狙いや期待が明確で、「コクヨらしい」仕組みづくりの基盤となっています。また社員コミュニケーションにおいては、「可処分時間」や「時間の使い方を変える」という狙いを強調しました。ライフステージや属性を問わず、等しく貴重な資源である「時間」に着目することで、全社員を改革に巻き込み、着実な行動変容を実現することにつながったと考えられます **[図表4-2]**。

図表4-2 「可処分時間」のイメージ

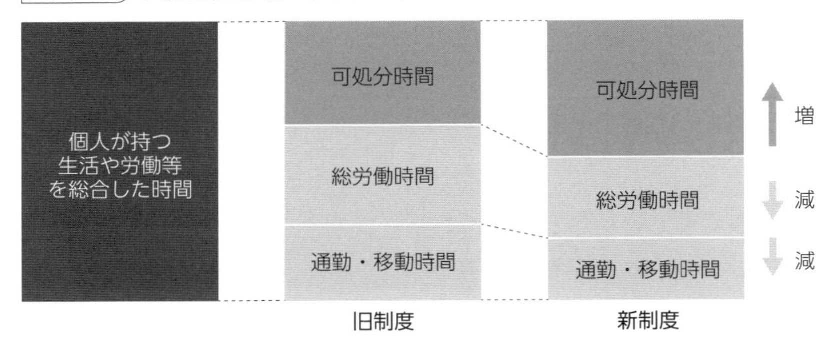

④ 施策①：フレキシブルワークの整備

1 概要

「可処分時間」を増やす取り組みとして、フレキシブルワークの整備を進めました。テレワークを含めた働く時間・場所を柔軟化する規程・ルールの整備に加えて、非効率な仕事の進め方の見直しや、労働実績のリアルタイムでの把握・分析・発信に取り組んでいます。同社の場合、こうした働き方の改革を2020年４月改定時のワンショットの取り組みにとどめるのではなく、2024年現在に至るまで、３カ月に１度のフォローアップとアップデートを続けていることが特徴的です。事業の在り方、仕事の進め方、個人のライフステージが日々変化していく中、社員の働き方の実態を頻度高く調査・発信し、スピーディーに施策に反映する、機動的かつ長期的な改革となっています。

2 詳細設計

2020年４月時点では、主にテレワークの恒久化を決定し、テレワークを実際に活用するための業務プロセスの見直しやルールのアップデート教育等を行いました。

その後コロナ禍での経験を経て、2022年１月、“Life Based Working”と題して、コクヨ式ハイブリッドワークを打ち出します。これは自分らしい働き方・学び方・暮らし方に寄り添うために、働く環境の選択肢を拡張するものです。具体的には、働く場所のタイプを、週４～５日出社の「オフィス中心タイプ」、週２～３日出社の「バランスタイプ」、週０～１日出社の「在宅中心タイプ」の３パターン準備し、工場ライン職を除く全体（工場事務職を含む）に適用しています。社員一人ひとりが３カ月に１度、３パターンの中から適切な働き方を選択し、直属の上長の承認を経て、システム上で「タイプ」を入力することで適用が可能になっています **[図表4-3]**。

例えば、客先への外出が多い職種は「バランスタイプ」により移動時間を削減する、育児や介護を担っている人は「在宅中心タイプ」を活用するなど、それぞれの業務上の役割やライフステージに応じ、働き方を選択できるようにしています。例外として入社直後のオンボーディング期間については、新卒入社者には１年間、中途採用者には３カ月程度、「オフィス中心タイプ」での勤務を推奨しています。

図表4-3　ワークプレイスポートフォリオの選択肢

出社は 4～5 日/週
オフィス中心タイプ

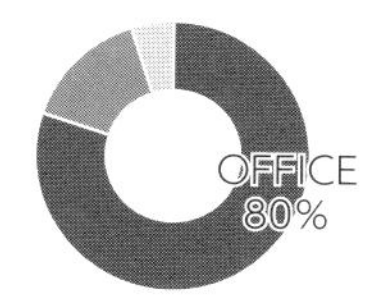

リアルなコミュニケーションを重視する方やチームにおすすめ

出社は 2～3 日/週
バランスタイプ

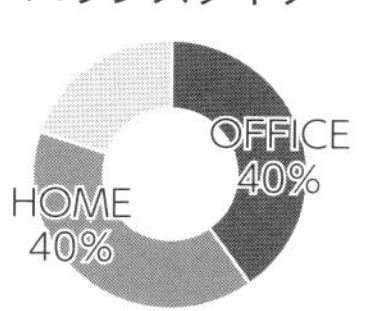

オフィス以外の外出が多い／業務に合わせて環境を選択したい方やチームにおすすめ

出社は 0～1 日/週
在宅中心タイプ

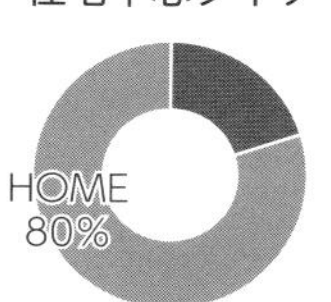

2022年１月時点では、対象者を限定

こうしたガイドラインの詳細は、3カ月に1度、人事部が社員に発信している「働き方ガイドライン」を通じて、策定しています。「働き方ガイドライン」は、既に経営が決定したガイドラインを発信するだけのものではありません。パルスサーベイ等を通じて社員の現在の働き方・課題を可視化するとともに、「働き方の実験」と題して、課題を踏まえた実験的なガイドラインの修正を行い、「検証」結果も発信しています。具体例として、上司・部下間の1on1の本格導入や、1on1の理想的な時間設定、育児との両立支援策の対象層の拡大について、「実験」と「検証」を通じてガイドラインを変更してきました。「働き方ガイドライン」というコミュニケーションツールを通じて、人事部と社員の間に、疑似的なディスカッションの場を実現しているといえます。

3　導入時のチャレンジ

機動的かつ長期的な変革をドライブするため、人事部に相当の負荷がかかっている点はチャレンジの一つといえます。

また、工場勤務（事務員を除く）の社員については、業務の性質に照らして在宅勤務が難しいため、「コクヨ式ハイブリッドワーク」の対象としていません。そのため導入時のコミュニケーションにおいては、ハイブリッドワークの対象かどうかによらず、全社員が各々の役割の中で、時間・場所を最適化していこうというメッセージを強調しました。在宅勤務という一側面の損得ではなく、総合的な可処分時間というベネフィットに向き合う姿勢を徹底しています。

4　導入後の反応・効果

2023年第4四半期時点で、社員が実際に選択しているワークプレイスポートフォリオの比率は、「オフィス中心タイプ」28.3%、「バランスタイプ」65.2%、「在宅中心タイプ」6.5%となっており、「バランスタイプ」が最も多く活用されています。

施策の効果測定としては、総労働時間のモニタリングのほか、３カ月に１度、パルスサーベイの設問に働き方の満足度調査を含めることで、社員の反応を確認しています。他施策を含めた、総合的な結果と考えられますが、2024年時点で取り組み前に比べて総労働時間は大幅に低下したほか、従来パルスサーベイの項目で課題感の強かった「挑戦する風土」（項目全体平均－７％）が、直近３年間で８％上がるといった効果が出ています。働き方に関するコミュニケーションや、それを踏まえた1on1の導入、新たな挑戦・学びを促すさまざまな施策が、組織全体の風通しの良さや、挑戦の風土づくりに役立っているといえるでしょう。

⑤ 施策②：PLAY WORKマイレージ（フレックス・ベネフィット）の整備

1　概要

人材の多様化を踏まえて、福利厚生原資を抜本的に再配分し、より公平で選択の自由度が高い福利厚生制度へと移行しました。具体的には、これまで原資の大半を占めていた住宅関連補助の一部を、従来のカフェテリアプランのメニューに組み込んだ上で、健康の維持促進や学びを中心にメニューを拡充した「PLAY WORKマイレージ」を導入しています。「PLAY WORKマイレージ」ではマイルを「使う」だけでなく、会社の求める行動（健康の維持促進・学び）に応じて、マイルを「貯める」ことができる点が特徴的です。

2　原資の再配分

本改定では、福利厚生制度の原資総枠を維持した上でその配分を見直しました。旧制度で法定外福利厚生費のおよそ６割を占めてい

図表4-4 原資の配分

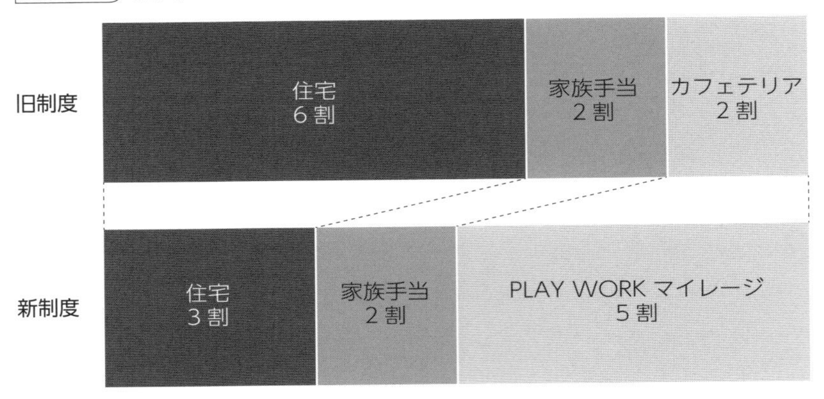

た住宅関連補助を、新制度では約3割まで削減し、その分、自社のカルチャー醸成のドライバーとなる「PLAY WORKマイレージ」の原資を、全体の約2割から約5割に拡充しました［図表4-4］。新制度でも借り上げ社宅・転勤社宅は維持していますが、家賃補助は廃止し、「PLAY WORKマイレージ」で選択可能なメニューの一つとして組み込むことで、住宅関連補助の原資削減を実現しています。

3 詳細設計

「PLAY WORKマイレージ」の用途は、社員へのヒアリングを踏まえ、以下の5区分で豊富なメニューを提供しています。従来のメニューを維持しつつ、可処分時間の向上や学び・健康増進のメニューは拡充を図りました。

①可処分時間の向上（テレワーク用品、家事代行、通勤時の特急料金等の補助）
②仕事と生活の両立（育児・介護サービス利用、先進医療・不妊治療費等の補助）

③健康の維持・増進（スポーツ施設利用、リフレッシュのための旅費等の補助）
④学びによる能力向上（セミナー・コーチング、アプリ・書籍購入等の補助）
⑤その他（仕事の服装や装備品等の補助）

また、「PLAY WORKマイレージ」では、マイルを「使う」だけではなく「貯める」ことができる点が特徴的です［図表4-5］。健康の維持・増進や、学びによる能力向上の行動を取った社員に、１人当たり年間約２万円のマイル加算を可能とすることで、会社が特に後押ししたい行動を誘引する設計としています。具体的には以下の行動が対象となります。

- ウォーキングチャレンジ（１カ月ごとの歩数に応じたマイル付与）
- 健康チャレンジ（生活習慣や健康診断結果の改善に応じたマイル付与）

図表4-5 「PLAY WORKマイレージ」の特徴

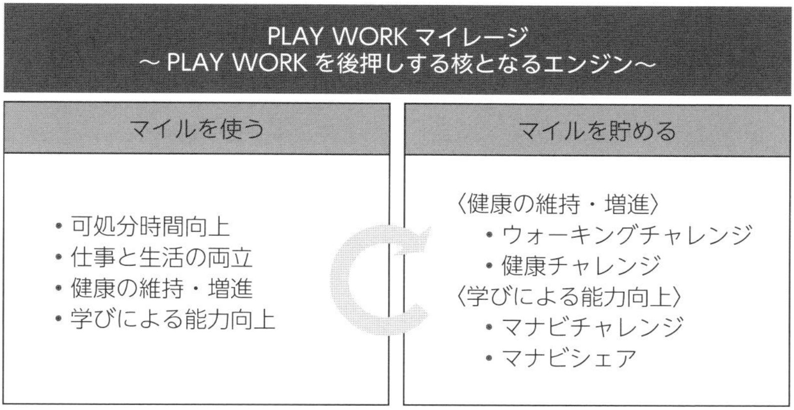

- マナビチャレンジ（TOEICなど、自身で設定した目標の公開・達成に応じてマイル付与）
- マナビシェア（業務を超えた勉強会の実施とSlackへの実施報告によりマイル付与）

4 導入時のチャレンジ

改定における最大の難所の一つが、住宅関連補助の見直しに関する社員コミュニケーションでした。住宅関連補助は対象者1人当たりの金額インパクトが大きく、納得を得るための丁寧なコミュニケーションと、生活基盤を安定的に維持するための移行措置が不可欠となりました。

前者のコミュニケーション面では「PLAY WORKキャラバン」と題し、施策趣旨を深く理解するタスクフォースメンバー3名が全国の拠点を訪問し、直接説明を行いました。施策が固まった段階ではなく、検討の初期段階から改定の背景・目的、具体的な改定の方向性を共有し、質疑による対話の機会を設けています。住宅関連補助の見直しによって不利益が発生する社員に対しては、属性別の受益差を金額とともに提示し、旧制度の課題を定量的に理解してもらえるようにしたことが、改革の必要性に納得を得る上で重要な材料となりました。また、新旧制度での福利厚生受給額を個人別にシミュレーションすることにより、一人ひとりに実際に生じる変更を具体的に理解した上で説明に臨むことも、対話の前提として不可欠でした。

後者の移行措置については、制度変更による生活への影響が相対的に大きい「転勤社宅」「家賃補助」の対象者に5年間の移行措置を設け、新旧制度の受益差額に対して、2020年～22年は3分の3（全額）、2023年は3分の2、2024年は3分の1を支給しました。

5 導入後の反応・効果

新制度でのマイル消化率は9割を超え、制度変更後も高い消化率を維持しています。マイルの用途の内訳は、「可処分時間向上」12%、「仕事と生活の両立」5%、「健康の維持・増進」54%、「学びによる能力向上」5%、「その他（仕事関連の装備品補助）」25%となっています。導入当初はコロナ禍だったこともあり、可処分時間向上（テレワーク環境の整備等）が主流でしたが、近年はより健康の維持・増進へと用途が変化しつつあります。この数年間でも、社員がそれぞれのライフスタイルに応じて、マイルの用途を柔軟に変化させていることが分かります。

また、マイルが「貯まる」仕組みの活用も進んでいます。「マナビシェア」として開催された自主的な勉強会は、年間130件、年間延べ参加者数は3000人に上り、互いに学びをシェアするカルチャーが広がりつつあります。また「ウォーキングチャレンジ」に参加するための健康増進アプリのインストール率も40%に達しており、広く浸透してきています。

6 今後の課題

今回の改定を経てフレキシブルワークが広く社員に定着した結果、新たに浮上した課題として、上司・部下のコミュニケーションを見直す必要が生じてきました。そのため現在は、これを補完する施策として「コクヨらしい1on1」の浸透・定着を図っています。半年間のトライアル期間を経て、「1回30分間、3テーマ」を原則に設定し、専用の1on1記録システムを導入の上で、全社展開を図っています。社員が1on1に楽しく取り組むために、1on1のために用意しているお菓子の包み紙にアイスブレイクの小ネタを記載しておくなど、細かい工夫も凝らしています。また、一連の改革の過程で浮上しつつあるもう一つの課題として、ミドルマネジャーの負荷が挙げられます。1on1の実施や3カ月ごとの出社タイプの選択・管理など、増加傾向にあるマネジメント業務にどのように対処していくかも、中長期では検討が必要になるでしょう。

「PLAY WORKマイレージ」に関しては、今まで以上に「学び」を後押しする施策を検討中です。マイルを「貯める」だけでなく「使う」時にも、「学び」のメニューを選択したくなるような、さらなる魅力づけや工夫が求められています。また、マイルが「貯まる」仕組みにかかる人事部の負荷は課題といえます。独自性の高い施策であるが故に外注が難しく、現在はマニュアル作業で社員一人ひとりのマイルの加算を行っています。一方、運用する人事担当者の目線では、全体としての運用負荷は旧制度から大きくは変わっていません。本改定を通じて、福利厚生制度の目的やコンセプトが明確化され、社員に浸透した結果、福利厚生制度の仕組みや補助対象か否かに関する問い合わせ対応の負荷が、大きく低下していることが背景にあります。

⑦ まとめ

福利厚生制度の見直しにおいては、これまで実質的に「生活給」とみなされてきた住宅補助等が変更され、損得が発生することに対して、社員の間に戸惑いや反発が生まれ、改革の内容・速度が後退・鈍化する例が少なくありません。しかし、同社は今回、個々人の利益・不利益に議論を終始させず、一貫して同社全体としてのあるべき姿を描き、変化を生み出すために何が必要なのか、という議論を重ねることで、同社らしい制度づくりを力強く進めることができました。改革前年に当たる2017年5月、黒田社長は本社玄関に立ち、手配りで「PLAY WORK号外」という社内報を配布しています。

当時打ち出された「PLAY WORK 働こう、新しく。自律した個人と柔軟なチームの集合体。自分たちが楽しく生き、仕事をする。」というメッセージは強烈な印象を残し、今なお「働き方ガイドライン」のコアとなる考え方になっています。タウンホールミーティングにおける黒田社長からの説明、人事によるキャラバン説明、運用における細かなＱ＆Ａに至るまで、立ち戻るポリシーが共有されていたことで、核となる考え方について強力に方向づけることができました。

また、働き方改革に対する人事部の実験的姿勢も、目を見張るものがあります。日系企業の人事部では、「社員の人生を預かる」「社員を守る」といった思想が強く、前例のないチャレンジや発案、機動的な方針転換には抵抗があるケースが少なくありません。そうした中、「実験」と称して、課題を特定し問いを立て、小さな改革を重ねていくカルチャーを築いたこと、実際に施策の細かなチューニングを社員・人事が双方向的に行っていることは、新しい人事部の一つの在り方といえるでしょう。仕組み自体の革新性もさることながら、会社と社員の新しい関係性を描き、着実な行動変容に向けて社員と真摯（しんし）に向き合った「コクヨらしい」チェンジマネジメントの妙が光る改革でした。

PROFILE

執筆者

マーサージャパン株式会社

檜垣 沢男（ひがき さわお）

組織・人事変革コンサルティング部門　シニアマネージャー

日系・外資系企業の人事制度改革を中心に、合併や戦略子会社設立に伴う制度統合、評価制度のグローバル統合、サクセッションプランニング、海外駐在員処遇制度の策定等、幅広い組織・人事改革プロジェクト経験を有する。マーサー参画前は、労働組合向けコンサルティング会社にて人事施策の経営提言や人事制度改定後の運用検証を多数リード。企業の競争力向上を経営・人事・従業員・労働組合という多面的な観点から支援している。

三条 裕紀子（さんじょう ゆきこ）

グローバル ベネフィット コンサルティング　アソシエイト コンサルタント

ベネフィットコンサルティング部門において、9年以上にわたり国内外の事業会社を対象とした各種福利厚生制度の見直し・最適化プロジェクトに従事。制度内容のベンチマークやコスト分析等に基づく現状把握支援、予算の見直し支援のほか、M＆Aにおける福利厚生制度統合支援、健康保険関連のコンサルティング、カフェテリアプラン策定支援など数多くのプロジェクトに携わっている。

塩澤 美緒（しおざわ みお）

組織・人事変革コンサルティング　マネージャー

総合商社にて、エネルギー資源開発領域の大型投資・管理業務および労働組合委員長を経験。マーサージャパンでは主に大手日系・外資系企業に対して、グローバル人事戦略やグループガバナンス方針の策定、人事制度設計、PMI、役員サクセッションプランニング、人材アセスメントなど、幅広い領域で支援実績を有する。

七五三 萌（しめ もえ）

年金コンサルティング部門　コンサルタント

年金・退職金分野において10年超の経験を有し、日系・外資系企業における退職給付制度の策定・M＆A等に伴う複数社の制度統合、社員コミュニケーション等の制度導入支援、DC運営管理機関のサービス評価等、幅広い領域でのプロジェクトに参画。マーサー参画以前は大手信託銀行等において企業年金の営業、本部企画、法改正関連業務等に従事。

マーシュジャパン株式会社

上田 智之（うえだ ともゆき）

マーサー マーシュ ベネフィッツ　バイスプレジデント

日系・外資系企業の福利厚生制度の見直し／運営／統合／立ち上げを支援。これまで300社以上における、福利厚生戦略策定やM＆A時の制度統合プロジェクト等で担当コンサルタントまたはエンゲージメントマネージャーとして参画してきた。福利厚生コンサルユニットCO-リーダーとIB（Insured Benefits）ユニットのリーダーを兼務。前職は外資系生命保険会社で、営業マネージャーの経験も有する。

山浦 拓（やまうら たく）

マーサー マーシュ ベネフィッツ　ベネフィット コンサルタント

国内外企業の福利厚生制度見直し、健康保険関連のコンサルティング業務に従事。福利厚生制度可視化・ベンチマーク支援、福利厚生戦略策定に基づく最適化提案、M＆Aの際の福利厚生制度設計支援のプロジェクト経験を有する。前職は損害保険会社で企業向けの保険コンサルティングに従事。マーサージャパン主催「人と仕事の未来 研究所」研究員。

監修者

マーサージャパン株式会社

白井 正人（しらい まさと）

取締役 組織・人事変革部門代表

石田 実（いしだ みのる）

グローバル ベネフィット コンサルティング部門代表

カバーデザイン／株式会社志岐デザイン事務所
本文デザイン・印刷・製本／三美印刷株式会社

優秀人材を惹きつける福利厚生戦略
成功事例と実践ガイド

2025年4月12日　初版発行

著　者　マーサージャパン
発行所　株式会社 **労務行政**
〒141-0031　東京都品川区西五反田3-6-21
住友不動産西五反田ビル3階
TEL：03-3491-1231
FAX：03-3491-1299
https://www.rosei.jp/

ISBN978-4-8452-5401-9
定価はカバーに表示してあります。

訂正が出ました場合、下記URLでお知らせします。
https://www.rosei.jp/store/book/teisei